화술의 달인

화술의 달인

한휘 지음

1판 1쇄 발행 | 2010. 7. 12.
1판 6쇄 발행 | 2011. 12. 7.

발행처 | 이너북
발행인 | 김청환

등록번호 | 제 313-2004-000100호
등록일자 | 2004. 4. 26.

서울시 마포구 염리동 8-42 이화빌딩 807호
전화 02-323-9477, 팩시밀리 02-323-2074

책임편집 | 이선이
이메일 | innerbook@naver.com

ⓒ 한휘, 2010
ISBN 978-89-91486-46-1   03320
http://blog.naver.com/innerbook

▪ 책값은 뒤표지에 있습니다.
▪ 잘못된 책은 구입하신 곳에서 바꾸어드립니다.

화술의 달인

한 휘 지음

●이너북

현대인의 행복 자격증, 성공하는 대화를 말한다

어떻게 하면 즐겁게 살아갈 수 있을까? 어떻게 하면 성공적인 삶을 영유할 수 있을까? 인생을 살면서 늘 떠나지 않는 화두이다. 사실 즐겁고 성공적인 삶을 살기 위해서 우리는 직장에서, 가정에서, 대인관계에서 늘 고민하고 또 고민한다. 이 행복의 단초를 제공해 줄 만한 인생의 기술이 바로 '즐겁고 자유롭게 대화하는 방법'을 익히는 것이 아닐까?

우리는 사람과 관계를 맺지 않고서는 살아갈 수 없다. 그때그때의 만남을 가치 있게 만들고, 의미 있는 인간관계로 발전시켜 나갈 것인가의 여부는 우리들 각자의 능력에 달려 있다.

인간은 태어난 지 얼마 안 되어서는 울음으로 자신의 감정을 표현하고, 좀 더 자라서는 말을 배워 다양한 방법으로 자신의 의사를 표현한다. 따라서 인간의 일생은 말로 시작하여 말로 끝난다고 하여도 과언이 아니다.

우리는 살아가면서 끊임없이 누구와 대화를 나눈다. 대화는 인간이 사회생활을 하는 데 있어서 모든 부분에서 반드시 갖추어야 할 필수적인 능력이다.

대화의 필요성을 인식하지 못하거나, 대화에 능숙하지 못한 사람은 인생행로를 순탄하게 항해하지 못한다. 고객을 설득하지 못하는 세일즈맨, 부하를 설득하지 못하는 상사, 애인을 설득하지 못하는 사람은 인생에서 어려움을 겪을 것은 분명하다.

대화를 통해 상대를 설득하여 자기 뜻대로 움직일 수 있는 힘과 기술을 기르는 일은 성공적인 인생을 보장하는 자격증을 따는 것과 같다.

현대사회는 커뮤니케이션의 시대라고 해도 무방할 정도로 더욱 효과적인 의사전달 능력이 요구된다. 피터 드러커는 "인간에게 가장 중요한 능력은 자기 표현력이며, 현대의 경영이나 관리는 커뮤니케이션으로 좌우된다."고 말했다. 실제로 필자가 만나본 많은 경영자들도 '타인과 효과적으로 의사를 소통하고 타인에게서 열렬한 협력을 얻어 내는 능력은 21세기 기업의 경영자로서 갖추어야 할 첫 번째 조건'이라고 말했다.

우리는 인생에 필요한 모든 것을 타인을 통해 얻으며 타인과 함께 공유한다. 이렇게 소중한 타인과 잘 지내고 나의 의사를 전달시키기 위해서는 대화가 필수적이다. 특히 직장에서 대화의 힘은 가히 절대적이라고 할 수 있다. 사장을 위시해서 상사는 물론이고 부하를 잘 통솔하기 위해서, 고객의 마음을 움직이게 하는 것도 대화의 기술 없이는 불가능하다.

대화를 원활히 하기 위해서는 상대의 입장에서 설명하는 기술과 상대의 마음에 호소할 수 있는 힘을 가져야 한다. 원활한 대화의 성패는 당신이 하는 말이 상대의 마음에 얼마나 와 닿고 공감을 느끼게 하느냐에 달려있다.

필자는 무엇보다도 상대방에게 공감을 얻기 위한 대화의 방법을 제시하는 데 많은 노력을 기울였다. 그 노력의 일단은 책의 곳곳에 의미 있는 글들로 살아 숨쉴 것이다. 필자는 이 노력의 일환으로 1장에서 커뮤니케이션 능력을 향상시키는 대화의 기술을, 2장에서 신념의 대화를, 3장에서 감동의 대화를, 4장에서 설득의 대화를, 5장에서 긍정의 대화를, 6장에서 논리적 설득법을, 7장에서 비즈니스맨의 성공 세일즈 마인드를, 8장에서 변화의 시대를 앞서가는 성공마인드를, 9장에서 인맥형성을 위한 설득법에 대해서 필자의 평소 생각들을 정리해 놓았다.

세상은 급류를 타는 강물처럼 빠르게 흘러가고 있다. 이러한 시대에 한 곳에 머물러 있는 것은 그 자리에 멈춰선 것이 아니라 퇴보를 의미한다. 그래서 오바마도 '변화'를 선거의 슬로건으로 제시하여 국민들의 공감을 얻어 마침내 대통령에 당선되었다.

세상을 설득하려면 끊임없이 연구하면서 새로움을 모색하고 자신이 먼저 변화되어야 한다. 변화의 과정에서 겪을 실패를 두려워해서는 안 된다. 일대일로 사람을 상대로 설득할 때도 마찬가지지만 대중을 설득할 때에도 생각하고, 파악하고, 행동해야 한다.

　본서는 시중에 나와 있는 이론서와는 달리 회사에서, 영업현장에서 그리고 세일즈 현장에서 일어날 수 있는 여러 가지 상황을 통해 실제 활용할 수 있는 사례와 방법을 구체적으로, 체계적으로 제시한 화술의 지침서이자 길잡이다.

　본서를 통해서 독자 모두가 능숙한 화술의 달인이 되어 직장에서, 사회생활에서 성공하는 삶을 누리기를 바라는 마음 간절하다.

　　　　　　　　　　　　　　　　　　　　　　한휘 드림

| 차례 |

시작하며_ 4

1 | 커뮤니케이션 능력을 향상시키는
6가지 대화의 기술

01 신선한 유머로 분위기를 주도하라_ 14

02 위기일수록 긍정적으로 말하라_ 22

03 시청각으로 내 말에 긍정하도록 유도하라_ 27

04 가급적 짧게, 요점만 말하라_ 33

05 이성적이기보다는 감성적으로 말하라_ 38

06 품위를 잃지 않는 말을 하라_ 43

2 | 당당하게 나를 주장하는 신념의 대화

01 신념에 찬 목소리로 말하라_ 50

02 자신감 있게 말하라_ 56

03 여유 있게 말하라_ 62

04 '우리' 라는 말을 자주 써 일체감을 조성하라_ 68

05 주눅 들지 말고 말하라_ 71

3 | 마음으로 다가가는 감동의 대화

01 작은 변화에도 관심을 가져라_ 77

02 평소에 호감을 사도록 하라_ 80

03 교양 있게 말하라_ 84

04 미소로 상대에게 호감을 보여라_ 89

05 비호감을 호감으로 바꾸는 방법을 터득하라_ 93

4 | 상대를 내 편으로 만드는 호감의 대화

01 상대가 말을 시작할 때 주의를 기울여라_ 97

02 상대의 수준에 나를 맞춰라_ 102

03 상대의 말에 맞장구를 쳐줘라_ 107

04 상대에게 충분히 말할 시간을 줘라_ 113

05 상대의 장점을 적극적으로 칭찬하라_ 116

5 | 상대의 동의와 협력을 구하는 긍정의 대화

01 상대의 공감을 얻으려고 노력하라_ 122

02 질문을 많이 받아라_ 127

03 대화에 여운을 남겨라_ 131

04 새로운 방식으로 접근하라_ 135

05 비교급을 많이 사용하라_ 140

06 유머를 적절히 사용하라_ 143

6 논쟁에서 이기는 논리적 대화

01 한 단계 높은 응수로 상대를 제압하라_ 148

02 의견이 대립되면 상대방을 인정하라_ 152

03 사실적인 언어를 사용하라_ 156

04 철저하게 준비하라_ 160

05 가능성을 먼저 제시하라_ 164

06 신념을 가지고 말하라_ 168

7 성공적인 비즈니스를 위한 10가지 세일즈 마인드

01 듣는다는 것은 마음을 열어주는 것이다_ 172

02 성공하는 사람의 태도를 배워라_ 178

03 상대의 'No'를 설득하는 방법을 익혀라_ 183

04 효과적으로 호소하라_ 186

05 인간적인 매력을 발산하라_ 190

06 자신에게 투자하라_ 194

07 고객의 경제사정을 속속들이 알라_ 199

08 고객의 취향에 맞추어라_ 202

09 싫은 사람일수록 칭찬을 아끼지 말라_ 206

10 상대에게 절대적인 신뢰를 얻어내라_ 210

8 변화의 시대를 성공으로 이끄는 6가지 성공 마인드

01 변화를 적극적으로 수용하라_ 215
02 정열적으로 달려들어라_ 220
03 비전을 가져라_ 226
04 끈기와 꾸준함으로 무장하라_ 230
05 작은 일에도 성실하라_ 234
06 공통점을 찾아라_ 239

9 좋은 인맥을 쌓는 효과적인 설득법

01 21세기는 설득의 시대_ 244
02 준비된 설득자의 3가지 요건_ 247
03 성공적인 설득을 위한 훌륭한 연설법이란?_ 250
04 설득하는 사람의 인격을 갖춘 오바마_ 252
05 효과적인 설득을 위한 보디랭귀지_ 255
06 친근감을 가지고 설득하는 방법_ 260
07 청중을 사로잡는 연설이란?_ 262

1

커뮤니케이션 능력을 향상시키는
6가지 대화의 기술

신선한 유머로 분위기를 주도하라

> 유머는 멈춰 선 기계를 다시 돌리는 윤활유와 같다
> 사람의 마음을 따뜻하고 여유롭게 한다

　이제 유머는 일상 대화나 비즈니스 대화에서 없어서는 안 될 중요한 대화법의 하나가 되었다. 이러한 저간의 사정을 반영하듯 서점에 가보면 '유머'라는 이름을 단 책들이 하루에도 몇 권씩 쏟아져 나오고 있다. 유머의 기초적인 마인드를 다룬 책부터 실전 유머 편, 활용 유머 편, 고급 유머 편 등등 대화의 상황과 수준에 따른 각양각색의 유머책들이 그야말로 봇물 터지듯 서점가를 장식하고 있다. 그만큼 유머가 시대의 코드로 자리매김했다는 의미일 것이다.

　우리에겐 익숙한 직장인의 표본으로 제시되던 과묵하고 맡은 바 업무만 충실히 하던 샐러리맨의 시대는 갔다. 이제 업무능력은 기본이다. 직장에서 보다 유능하고 대인관계가 넓은 직장인으로 인정받기 위해서는 유머러스한 면이 갖추어지지 않으면 안 된다. 유머가 직장인들의 필수 덕목이 될 수밖에 없는 이유는 유머러스한 직장인이야말로 직장 선후배 간의 관계를 더욱 단단히 맺어 줄 수 있고, 리더십을 발휘할 줄 아는 사람으로 자리매김 될 수 있기 때문이다. 어디 직장뿐인가. 가정에서도 무뚝뚝하고 근엄한 표정으로 아버지의 권위를 내세우며 가족을 이끌어가던 아버지는 이제 가족들에게 환영받지 못한다. 시대가 지향하는 바람직한 아버지는 아이들과 함께 친구처럼 지내며 때로는 우스운 얘기로 아이들의 마음의 문을 열 줄 아는 부드럽고 자애로운 아버지가 능력 있는 아버지로 인정을 받는다. 그만큼 권위와 형식보다는 탈권위적이고 자유로운 관계가 요구되는 시대라고 할 수 있다. 친구 사이에서도 좌중을 재미있게 이끌 수 있는 친구가 인기 있고, 이성 간의 데이트에서도 최고의 덕목은 단연코 유머다. 재치 있는 유머는 당신을 센스 있고, 유쾌한 사람으로 인정받게 한다.

:: 자신의 약점을 강점으로 승화시킨 오바마의 유머

오바마는 자신에게 불리한 상황을 부드럽게 역전시키는 매개체로 유머를 즐겨 사용했다. 그는 정치적 지지기반도 약했고, 흑인 출신이라는 핸디캡도 갖고 있었지만 특유의 긍정적인 마인드와 유머러스한 상황 대응 능력으로 자신의 약점을 강점으로 승화시킨 천재적인 위기 극복의 달인이었다. 특히 그가 구사하는 유머는 상대의 공격을 훌륭하게 되받아쳐 자신을 비난한 상대를 머쓱하게 만드는 비장의 무기로 활용되곤 했다.

대통령 선거 기간 중 공화당에서는 "대체 진짜 버락 오바마는 누구냐?"는 문구로 아시아와 아프리카에서 성장한 오바마의 정체성을 집중적으로 공격하곤 했다. 이에 대해 오바마는 미국 전역을 돌아다니며 이렇게 말했다.

"이제 대선도 정말 얼마 안 남았네요. 이제 미국인들은 진짜 중요한 결정을 해야 할 때가 되었습니다. 참! 제가 지나오다가 보니까 아직도 저를 잘 모르시겠다는 분들이 많은 것 같습니다. 그래서 제가 확실히 말씀드리려고 합니다. 저를 마땅치 않아 하시는 여러 사람들의 루머와는 달리 저는 구유에서 태어나지 않았습니다."

이 말을 들은 청중들은 배꼽을 잡으며 그의 독특한 유머에 파안대소했음은 물론이다.

:: 유머는 창조적인 발상의 전환

이처럼 대화에서 대단한 역량을 발휘하는 유머란 과연 어떤 특성을 지니고 있는 것일까? 유머는 단지 우스갯소리인가? 아무데서나 좌중을 웃기기만 하면 되는 것일까?

유머란 시의적절하고 상황에 맞게 구사할 줄 알아야 한다. 한 예로 상갓집에서 농담을 지껄이는 이를 두고 유머러스하다고 칭찬할 수는 없다. 유머란 상황을 정확히 인식하고, 보다 창조적으로 상황을 이끌어나갈 수 있는 발상의 전환에서 비롯된다.

한 부인이 오래된 냉장고를 바꾸기 위해 가전매장에 들렀다. 맘에 드는 냉장고를 구경하기 위해 매장을 서성일 때였다. 매장 매니저로 보이는 사람이 다가와 정중히 물었다.

"무엇을 도와드릴까요?"

"냉장고가 오래 되었거든요. 요즘 인기 있는 문이 두 개 달린 최신형 냉장고를 하나 살까 하구요."

"아, 그러세요? 그럼 이쪽으로 오시죠. 제가 안내해 드리겠습니다."

그 부인은 매장 매니저와 함께 여러 냉장고를 살펴보았다. 그리고 매니저가 강력 추천한 냉장고를 이리저리 만져보고 직접 문을 열고 살펴보다가 안쪽의 서랍을 열려고 했는데 몇 번을 잡아당겨도 열리지가 않는 것이었다. 무슨 문제가 있나? 부인은 서랍이 열리지 않자 심리적으로 구매 욕구가 뚝 떨어지고 있었다. 그런데 그때 매니저가 살짝 미소를 지으면서 서랍을 잡아당기는 것이었다.

"제가 이 냉장고 서랍을 하루에도 몇 십 번은 열거든요. 그랬더니 이 녀석이 피곤하다고 파업 중인 모양입니다. 제가 부드럽게 달래야 열리겠는걸요."

매니저가 재밌게 말하면서 부드럽게 서랍을 잡아당기자 그때까지 꿈쩍도 않던 서랍이 신기하게도 스르르 열렸다. 마치 매니저가 '네 고충을 알겠으니 이제 그만 문을 열라'는 지시를 알았다는 듯이 말이다. 물론 냉장고 문이 안 열렸던 것은 아마도 전에 구경을 했던 고객이 너무 세게 문을 닫는 바람에 서랍 모서리가 꽉 끼어 있었기 때문일 것이다.

신기한 것은 매니저의 유쾌한 농담에 열리지 않던 서랍이 열렸다는 것보다는 잠시나마 짜증이 났던 그 부인의 마음이 열렸다는 데 있었다.

맞다. 그 고객은 불리한 상황을 재치와 위트로 넘기는 매니저의 대화법에 홀딱 넘어가고 말았던 것이다. 결국 그 부인은 그 냉장고를 사고 말았다.

만약 틀에 박힌 대화의 방식을 깨뜨리는 매니저의 재치 있는 유머가 없었다면 그 부인은 냉장고를 사지 않고 다른 매장으로 발걸음을 돌렸을 터였다. 그만큼 매니저의 유머러스한 한마디는 떨어지던 그 부인의 구매 욕구를 붙들어 매는 효과가 있었다.

:: 유머가 뛰어난 사람은 마음의 여유가 있는 사람

유머감각이 뛰어난 사람은 자신에게 다가오는 어떠한 불리한 상황도 쉽게 극복할 수 있는 긍정적인 사고를 지니고 있다. 한마디로 마음의 여유가 있는 사람이라고 할 수 있다. 직장에서도 유머가 뛰어난 사람은 늘 조직의 활력소 역할을 톡톡히 한다. 유머러스한 사람의 능력이 십분 발휘될 때는 바로 좀처럼 풀리지 않는 회의석상에서의 답답하고 어두침침한 분위기를 깰 때이다. 중요한 회의로 한참 어색한 침묵이 흐를 때 좌중을 휘어잡는 유머러스한 직원의 촌철살인 같은 한 마디 우스갯소리는 직원들에게 새로운 활력을 주며 자칫 지루할 수도 있는 회의 분위기를 아연 활기차게 만든다. 물론 그 후에는 직원들 사이에서 언제 그랬냐는 듯이 창의적인 의견들이 봇물처럼 쏟아져 나오는 것은 덤으로 얻을 수 있는 유머의 긍정적인 효과이다.

우리는 종종 주위에서 유머러스한 사람을 본다. 다른 사람이 하면 기분 나쁘게 느껴질 만한 말도 그 사람이 하면 유쾌하게 들린다.

그런데 여기서 한 가지 명심할 것은 유머라고 해서 모두가 다 같은 유머가 아니라는 것이다. 유머는 어떤 사람이 말하느냐에 따라 듣는 사람의 느낌이 판이하게 다르게 느껴질 수가 있다.

예전에 필자가 Y대학의 사회교육원에서 하는 '스트레스 관리' 프로그램을 들은 적이 있다. 어느 날 스트레스 해소의 명야으로 '유머를 통한 스트레스 해소법' 이라는 제목의 강의를 하면서 당시 인기 있던 유명 개그맨이 강사로 초대된 적이 있다. 이 개그맨은 '스트레스 관리' 프로그램을 듣는 수강생들 앞에서 '유머' 라면서 소위 '화장실 유머' 격에 해당하는 질 낮은 음담패설과 욕설 등을 아무렇지도 않게 지껄이는(?) 것이었다. 당시 그 강의는 사회적으로 꽤 명망이 높던 지도급 인사들이 수강하는 프로그램이었다. 수강생들은 계속되는 개그맨의 우습지도 않은 저질 유머에 시계만 쳐다보며 어색한 시간들을 애써 떼우는 기색이 역력했다. 얘기를 계속 듣고 있던 대표 교수는 수강생들의 불편한 심기를 알아채고는 초청강사에게 오늘은 시간이 많이 됐으니 이만 하면 됐다며 서둘러 강의를 마치게 했다.

이처럼 유머라고 해서 무조건 '웃기는 데만' 전전할 일이 아닌 것이다. 물론 음담패설도 때에 따라서는 훌륭한 유머 소재가 될 수 있다. 그러나 무엇보다 유머를 소화해 내는 상대의 수준이나 지위, 상황 등도 유머 구사자가 고려해야 할 중요한 조건이 아닐 수 없다. 또한 같은 유머라도 그 사람의 인품에 따라 전달 방식이 다르고 받아들이는 반응이 달라진다. 무엇보다도 한 마디의 조크가 충분히 상대를 웃기게 만들고, 신선한 충격을 주기 위해서는 웃음의 소재나 웃기는 방법보다 먼저 얼마나 적재적소에 딱 맞는 맞춤형 유머일지를 헤아려 본 뒤에 그에 맞는 유머를 구사할 필요가 있다.

유머가 있는 곳에는 '웃음'이 묻어난다. 유머는 멈춰 선 기계를 다시 돌리는 윤활유와 같은 것이다. 사람의 마음을 따뜻하게 하고 여유롭게 한다.

고정된 틀을 깨라! 많은 인재들이 세계에서 푸대접 받는 중요한 이유가 바로 틀에 박힌 사고 때문이라고 한다. 주어진 단순한 업무는 계산기처럼 잘 해내지만, 정작 창조적인 생각을 할 줄 모른다는 것! 그 대표적인 이유가 딱딱한 사고, 즉 유머가 없기 때문이라고 지적을 한다.

유머관련 서적을 본다고 유머실력이 하루아침에 부쩍 향상되는 것이 절대 아니다. 상황을 언제나 새롭게 바라보고, 의문점을 자유롭게 풀어낼 때 당신의 유머실력은 급등할 수 있다.

02

위기일수록 긍정적으로 말하라

> 말로 사랑도 하고 죽음을 당하기도 한다
> 말에는 누구도 부인할 수 없는 커다란 힘이 있다

우리나라 말에는 유독 말에 대한 속담들이 많다.

"한번 뱉은 말은 주워 담을 수 없다"느니 "말 한 마디로 천량 빚을 갚는다"느니 "가는 말이 고와야 오는 말이 곱다"는 속담들은 다 말하는 사람의 자세를 일깨우는 소중한 경구(警句)가 아닐 수 없다.

그만큼 우리가 아무렇지도 않게 사용하는 말은 정말로 굉장한 힘을 가지고 있다.

우리가 하는 말은 어느 상황에서 하느냐에 따라서 제각기 다른 감정으로 다가온다. 어느 상황에서 어떻게 이야기하느냐에 따라 듣는 사람이 울고 웃고 감동하다가 절망하기도 한다. 말로 사랑도 하고 죽음을 당하기도 한다. 이처럼 말에는 누구도 부인할 수 없는 커다란 힘이 있다.

지난 1997년의 IMF 상황에서 부도 직전의 위기를 직원과의 진술한 대화를 통해서 극복한 한 중소기업 사장이 있었다. 이 사장의 한 마디 한 마디는 직원들에게 '우리는 한 가족'이며 '우리의 최고 기술이 이렇게 사장될 순 없다'는 일종의 오기와 자존심이 담겨 있었다. 세계적인 소프트웨어 기술을 갖춘 유망한 벤처기업의 오사장은 당시 회사의 위기에 대해서 직원들에게 이렇게 말했다.

"여러분, 지금 우리 회사는 여러분도 잘 아시다시피 커다란 장애에 부딪쳤습니다. 이대로 가다가는 언제 문을 닫아야 할지 모릅니다. 그런데 저는 우리가 지금까지 일군 이 기술과 여러분의 노력이 너무나 아깝습니다. 제게 조금만 시간을 준다면 어떻게 해서라도 외국의 바이어들을 설득해서 우리 기술을 해외 유망 업체에 팔 수 있도록 하겠습니다. 그때까지만 여러분의 월급을 동결해야 할 것 같은데 여러분 생각을 어떠십니까? 물론 우리는 세계 최고의 기술력을 갖춘 회사이기 때문에 다른 회사와는 달리 빠른 시간에 이 위기를 극복해 낼 수 있습니다. 무엇보다도 우리는 '할 수 있다'는 자신감만 있다면 저도 여러분을 믿고 한번 세계 시장에 문을 두드리겠습니다."

물론 처음엔 반신반의했던 직원들도 너무나 진지하게 위기극복에 대한 자신감을 피력하는 사장의 말에 모두들 6개월치 월급을 자진 반납했다. 그 후 힘들고 어려운 시기를 거쳤지만 사장의 장담대로 회사는 자금 위기를 극복하고 동종업계의 선두주자로 다시 우뚝 설 수 있게 되었다.

어려운 때일수록 이야기할 때에 어떤 말을, 어떻게 사용해야 할 것인가를 충분히 생각해야 한다. 생각 없이 함부로 내뱉는 말은 자신의 인격을 깎고 인생을 망치게도 한다.

:: 직장에서 해선 안 되는 부정적인 말들

특히 직장에서 무슨 말을 피해야 할지 직장인들은 스스로 잘 알고 있을 것이다. 부정, 거절, 비꼬는 말 즉 상대와의 단절을 의미하는 말은 가급적 사용하지 않는 것이 좋다.

가능한 직장에서 사용해서는 안 되는 부정적인 말 몇 가지를 긍정적으로 바꿔서 말하는 습관을 몸에 배게 해야 한다.

가령 '가망 없다' 는 '가능하다' 로, '고집이 세다' 는 '유연하다' 로, '낙오자' 는 '동반자' 로, '못 해 먹겠다' 는 '해보겠다' 로 바꿔 말하도록 하자.

또한 '부당하다' 는 '타당하다' 로, '실패' 는 '성공' 으로, '위기' 는 '기회' 로, '집어치우고 싶다' 는 '한번 해보고 싶다' 로, '할 수 없다' 는 '할 수 있다' 고 말하다 보면 성공적인 직장인의 마인드를 지니게 될 것이다.

여기 한 토막의 웃지 못할 사례를 소개하면서 우리가 생각하기에 따라서 절망적인 상황을 어떻게 희망적으로 바꿀 수 있는지를 생각해 보도록 하자.

서울 남대문에서 큰 보세가게를 운영하는 김사장은 어느날 외국 바이어를 만나고 와서 보니 자신의 가게가 무너져버렸다. 김사장은 한참을 이 광경을 지켜보다 말고 걱정스런 눈길로 자신을 쳐다보는 직원들에게 "어이, 뭐 해. 이 돌더미 좀 치우지 않고. 안 그래도 가게가 너무 비좁아서 한번 대공사를 하려고 했는데 이번 기회에 입구도 넓히고 가게도 새로 단장해야겠구만." 하고는 아무렇지도 않게 말해 주위 사람을 놀라게 하였다.

이처럼 절망적인 상황에 빠졌을 때 아무나 김사장처럼 말하기는 어렵다. 위기의 상황에 닥쳤을 때 부정적이거나 마음의 여유가 없는 사람들은 자신의 불행을 한탄하며 어찌해야 할 바를 몰라 한다. 하지만 김사장처럼 마음에 여유가 있는 사람은 자기가 곤란한 일을 당한 가운데서도 오히려 주위 사람들을 위로하는 여유로운 마음을 가지고 있어, 사람들의 존경과 신뢰를 받게 되는 것이다.

:: 긍정적으로 말하는 사람은 긍정적 에너지가 넘쳐흐른다

긍정적인 태도로 상대의 마음을 헤아릴 줄 아는 사람은 직장생활에서나 비즈니스 세계에서 자신이 원한 대로 소기의 성과를 올리곤한다. 그건 아마도 이들의 상대를 헤아리는 마음이 상대방으로 하여금 '이 사람은 믿을 수 있는 사람이다'는 확신을 갖게 해주는 요인으로 작용하기 때문일 것이다. 상대방의 마음을 상하지 않게 하면서 더구나 상대가 눈치 채지 못하게 말할 수 있다면 참으로 말을 잘하는 사람이라고 할 수 있다.

외국계 보험회사에서 탁월한 실적을 올리고 있는 오FC는 누가보다도 세련된 차림새와 뛰어난 말솜씨로 고객의 신뢰를 쌓고 있는 우수한 FC이다. 어느 날 오FC는 보험 관련 일로 자주 찾아가는 한 무역회사에 그날도 어김없이 직장인 고객을 찾아갔다. 그런데 그날은 평소 별로 좋아하지 않던 이 회사의 최대리가 느닷없이 오FC에게 점심식사를 제의해 왔다. 그날따라 회사의 여러 사람들과 상담하느라 몸은 파김치가 돼서 한시라도 이 회사를 빠져나가고 싶었던 오FC였다. 평소 상담만 하고 한 건의 계약도 없었던 최대리인지라 주위에 모인 사람들은 당연히 오FC가 '다음 기회에'를 선택할 것으로 짐작했다. 그런데 예상과는 달리 오FC는 선뜻 "최대리님, 정말이세요. 너무 감사하죠. 그럼 어디서 기다릴까요?" 하면서 너무나 선선히 응하며 사무실에서 나가는 게 아닌가. 말을 꺼낸 최대리는 순간 멍하니 서서 그녀가 나가는 것을 지켜보다가 생각났다는 듯이 오FC와 약속한 식당으로 향했다. 물론 그날 일로 최대리는 오FC의 보험전도사가 됐음은 말할 것도 없다.

인생을 사는 데는 부정적인 태도보다는 긍정적인 태도가 훨씬 낫다. 말하는 데에도 마찬가지다.

26

03

시청각으로 내 말에 긍정하도록 유도하라

> 행동이 형식을 만들어가지만 형식 또한 행동을
> 이끌어 간다

대화에서 화자(話者)의 말하는 내용이 꽃의 향기라면, 화자(話者)의 말하는 태도는 꽃의 생김이다.

말하는 사람의 말하는 내용에 진실이 가득 담겨 있다 해도 표정이 무관심하고 덤덤하다면 그는 상대에게 호감을 줄 수 없다. 말과 표정은 대화의 진도에 커다란 영향을 끼친다.

대화에서 이야기에 진실이 어느 정도 담겨 있는지 짐작할 수 있는 척도는 말하는 이의 태도에 달려 있다. 태도는 대화를 구성하는 중요한 요소 중 하나이다. 따라서 말하는 사람은 항상 '입뿐만 아니라 신체도 말하고 있다' 는 점을 명심하고 말해야 한다. 현대에 이르러 보디랭귀지는 점점 더 대화의 중요한 부분으로 자리잡고 있다.

보디랭귀지는 학문적으로는 '키네식스' 라 하여 원래 정신의학, 특히 심리요법 분야에서 중시하는 부분이다. 정신의학에서 쓰이는 키네식스는 정신과 의사가 환자와 만날 때 환자의 신체에서 엿보이는 증세와 환자의 입을 통해 나온 말을 조화시켜 치료한다는 뜻의 용어이다.

특히 요즘 많이 나오는 '비즈니스 세일즈' 부문의 지침서에서는 보디랭귀지를 중요하게 취급한다.

말과 표정이 따로따로이면 상대의 의혹을 사게 될 여지가 다분하다. 반대로 이와 같은 사실들을 잘 활용하면 상대의 마음을 쉽게 붙잡을 수 있다. 말과 태도를 일치시키는 것은 특별히 어려운 일이 아니다. 이야기에 따라 표정이 바뀌거나 몸짓에 변화가 오는 것은 당연하다. 그런데 이 당연한 것을 실행하지 못하는 이유는 흥미와 관심을 북돋을 생각만 할 뿐 말이 전달되는 과정은 염두에 두지 않기 때문이다. 이것은 훌륭한 연설의 비결이 자연스런 표정과 몸짓에 있다는 기초적인 사실을 이해하지 못한 데서 나온다.

꽃은 향기로운 냄새만으로 사람의 마음을 끄는 것이 아니다. 꽃의 생김 역시 중요하다. 말의 내용이 향기라면 태도는 꽃의 생김이다. 생김도 예쁘고 향기도 좋은 꽃이 사랑을 받는 것은 당연하다.

흔히 익숙하게 변명을 늘어놓는 사람일수록 능청스러울 정도로 몸짓이 요란하다. 훌륭한 무사의 칼놀림이 요란하지 않듯 조용하면서도 언행이 일치되는 태도면 충분하다.

:: 말하면서 적당한 눈높이를 유지하라

시청각적으로 대화를 나누는 데 있어서 말하는 사람의 눈만큼 중요한 것도 없다. 우리가 상대방과 대화를 한다고 하면 보통 말하는 사람의 입에 주목하게 될 것 같지만 실제 언어상황에서는 눈이 입만큼이나 많은 메시지를 담고 있다. 말하는 사람의 시선이 어디를 보고 있느냐에 따라서 듣는 사람은 상대의 말을 평가하는 기준이 달라지게 돼 있다.

무엇보다도 상대의 말을 잘 듣기 위한 에티켓 중의 하나가 말하는 사람의 눈을 뚫어지게 쳐다보지 말라는 것이다. 사람은 한 군데에만 시선을 집중해 말할 수 없기 때문에 오래도록 말하다 보면 자연히 시선이 흔들릴 수밖에 없다. 말하는 상대를 뚫어지게 쳐다본다는 것은 다른 말로 말하는 사람의 의도를 오해하고 있다는 표현의 다름 아닐 수도 있기 때문이다. 그렇다고 말하는 사람을 외면해서도 안 되는 것이다.

따라서 말하는 사람과 듣는 사람은 어느 정도 일정하게 상대를 쳐다보는 것이 중요하다. 또한 상대에게 신뢰를 주기 위해 말하는 사람이 강조하는 내용은 상대를 직시하면서 동의를 해줄 필요가 있다. 즉 대화 도중에는 말하는 사람의 얼굴이나 입, 옷매무새 등을 두루 바라보면서 말하는 사람이 편안하게 말할 수 있도록 배려를 해야 하며, 가끔 말하는 사람의 발언 내용이 중요한 부분이라고 생각하면 말하는 사람과 시선을 마주치면서 동조를 해주어야 하는 것이다.

무엇보다도 대화는 말로만 하는 게 아니라 손짓과 호흡, 눈으로도 하는 것이기 때문에 듣는 사람이 어떤 태도를 취하느냐도 대화의 중요한 에티켓이 아닐 수 없다. 이처럼 자연스럽게 상대가 말할 수 있도록 배려해 주고, 때로는 상대의 말에 동조하는 눈맞춤을 해줌으로써 서로를 신뢰하고 커뮤니케이션이 자연스럽게 오갈 수 있다면 이처럼 좋은 대화 태도는 없을 것이다.

:: 정감 있는 목소리로 말하라

사람의 목소리에는 그 사람의 진심, 나아가 인생이 담겨 있다. 정감 있는 목소리를 내라.

메시지의 전달에 있어 목소리가 38%를 차지하며, 표정이 35%, 태도가 20%, 내용은 겨우 7%밖에 차지하지 못한다. 특히 전화상에서는 음성이 82%의 중요도를 차지하지만 말의 내용은 18%의 중요도밖에 띠지 못한다. 이것은 얼굴을 보고 대화하든, 전화로 대화하든 말의 내용보다 음성이 더 중요하다는 뜻이다. 결국은 화려한 말의 내용보다 따뜻한 음성이 더 마음을 파고든다는 의미이다.

단어는 쉽게 바꿀 수 있지만, 음성에는 고스란히 감정이 배어들기 마련이다. 결국 음성이 따뜻하려면 진심으로 상대방을 좋아해야 된다.

내용과 함께 음성에 신경을 써라. 바탕이 고와야 그 위에 장식을 해도 멋지게 보이는 것처럼 음성은 대화의 밑그림이며 기본이다. 가장 따뜻하고 진실한 목소리를 내기 위한 최고의 방법은 상대를 진심으로 좋아하고 존경하는 것이라는 점을 명심하라.

그러나 실제로 말을 할 때는 상대는 당신을 지켜보고 있다. 당신의 일거수일투족에 주목한다. 즉 당신의 이야기는 들려지고 있는 동시에 보여지고 있는 것이다. 그리고 상대는 청각보다 시각에 훨씬 강렬하게 자극받는다. 라디오보다 텔레비전이 훨씬 강한 인상을 주는 것도 그 때문이다.

사람들은 먼저 당신의 걸음걸이를 보고 '저 사람은 당황하고 있군, 좋은 내용은 기대하기 힘들겠는데…….' 하고 평가하거나, 당신이 사람들 앞에 서 있거나 의자에 앉는 모습을 보고 '침착하군. 이야기를 잘 하겠는데…….' 하고 평가한다.

따라서 당신이 이야기를 시작하기도 전에 듣는 사람은 당신의 자세를 보고 이야기의 수준, 신뢰할 수 있을 내용인가의 여부를 정해버린다는 사실을 잊어서는 안 된다. 그러나 말하는 내용에만 온 신경을 집중한 나머지 자세가 주는 영향을 생각지 못하는 사람이 너무나 많다.

:: 남 앞에서 말할 때는 당당하게 흐트러짐 없이 말하라

처음으로 많은 사람 앞에 서서 말하는 장면을 생각해보자. 손은 주머니를 뒤지다가 머리를 쓰다듬기도 하며 다리를 떨고 몸 둘 바를 몰라 한다. 이것은 모두가 불안의 표현이다. 듣는 사람들이 '자신이 없다'는 증거라고 평가해버리더라도 뭐라 말할 수 없는 상황이다. 이쯤 되면 내용이 아무리 훌륭하다 하더라도 듣는 사람 편에서는 그 말을 신뢰하고 싶은 기분이 들지 않는다. 내용과 자세가 일치하지 않기 때문이다.

사람들 앞에서 이야기할 때는, 속으로 아무리 당황하고 걷잡을 수 없는 불안감이 엄습하더라도 겉으로는 절대로 이를 나타내지 않아야 한다. 그러면 점차 마음이 가라앉아 제대로 이야기할 수 있다는 자신감을 갖게 될 것이다. 자세가 바로잡히면 저절로 이야기도 바로잡힌다. 자세가 마음을 다스리기 때문이다.

이것은 비단 자신을 정비할 뿐만 아니라 듣는 사람에게도 '저 사람은 마음 든든하다. 이야기도 잘할 것이고 그 내용 또한 신뢰할 수 있을 것임에 틀림이 없다' 라는 기분을 갖게 한다. 이것은 이야기뿐만 아니라 인간의 모든 행동에 적용되는 인간관계의 원리이다.

행동이 형식을 만들어가는 것이지만, 형식 또한 행동을 이끌어간다는 사실을 잊지 말아야 한다.

야구 타자가 슬럼프에 빠져 있을 때는 반드시 자세가 흐트러져 있다. 그러나 좋은 배팅이 나올 때는 반드시 자세가 바로잡혀 있다. 좋은 자세는 무리 없이 신체의 힘을 발휘시키며 보기에도 아름다운 법이다.

자신 있는 자세를 취함으로써 저절로 이야기에도 자신이 생기게 된다.

04

가급적 짧게, 요점만 말하라

**짧을수록 강한 인상을 준다
정확한 말보다 직접적인 표현이 호소력이 높다**

세계적인 프랑스의 문호 빅토르 위고는 무명시절 자신이 쓴 소설《레미제라블》을 출판사에 보냈지만 출판사로부터 아무런 연락도 받지 못했다. 이에 몸이 달은 위고는 출판사에 다시 편지를 써 보냈는데 그 내용은 달랑 물음표 '?' 하나였다. 즉, "제 작품을 어떻게 생각하십니까?"라는 정도의 물음이었던 것. 이에 편지를 받은 출판사에선 역시 달랑 한 문장만 위고에게 보냈다. 그 하나란 느낌표인 '!' 였던 것. 출판사측은 "대단히 감동적이었습니다. 곧 출판합시다."라는 의미였다.

세상에서 가장 짧고 감동적인 '?' 와 '!' 의 사연은 이렇게 단 하나의 부호로도 충분히 설득력 있고 감동적일 수 있음을 증명해 보여준다.

흔히 위와 같은 형태의 함축성 있는 말을 놓고 '촌철살인'이라 하는데 아주 짤막한 말로써 사람을 인상적으로 감동시키는 것을 뜻한다.

마찬가지로 대화에 있어서도 화제에서 벗어나지 않고 핵심을 찌르는 말은 짧을수록 강한 인상을 준다. 장황한 말보다 직접적인 표현이 호소력 있다는 것이다.

생활의 가속화가 이루어지면서 말에 있어서도 속도가 중요해졌다. 현대인들은 간단명료한 대답을 좋아하며 너저분한 변명의 나열을 싫어한다.

한 신문사에서 유명한 여배우의 사진이 필요하여 촬영 솜씨가 좋은 베테랑 기자에게 그녀의 사진을 촬영해오라고 지시했다. 사진기자는 숲 속에서 카메라를 들고 숨어 있다가 그녀가 지나가기를 기다렸다. 그러나 막상 촬영의 기회를 포착했다 싶어 셔터를 누르려고 하면 그때마다 그녀는 얼굴을 가리거나 그 밖의 방법으로 촬영을 못하게 했다.

베테랑 사진기자는 할 수 없이 신입기자에게 그 일을 부탁하였다. 물론 그 일이 대단히 어렵다는 단서도 잊지 않았다. 그러나 신입기자는 채 한 시간도 못 되어 그녀의 사진을 찍어가지고 돌아왔다.

깜짝 놀란 베테랑 기자는 어떤 방법으로 촬영했는가를 묻지 않을 수 없었다.

"무슨 좋은 요령이라도 있었나?"

"아뇨, 그냥 부탁을 했을 뿐인걸요."

"아니, 부탁을 했을 뿐이라구?"

베테랑 기자는 놀라지 않을 수 없었다. 신입기자는 그녀의 집에 찾아가서 초인종을 누른 후 그녀가 나오자 아무 거리낌 없이, "신문에 쓸 당신의 사진이 필요해서 찾아왔습니다."라고 말했고 그녀는 신입기자에게 미소를 지으면서 선선히 응하더라는 것이었다.

촬영의 요령을 알고 있던 베테랑 기자는 오히려 대담할 수가 없었고, 신입기자는 자기가 필요한 것을 짧게 부탁할 수 있었기 때문에 배우를 촬영할 수 있었던 것이다.

∷ 쉽고 간단하게 누구나 알아듣도록 말하라

공식적인 회사의 브리핑이나 경쟁사를 상대로 한 프레젠테이션에서 고전처럼 활용되는 법칙으로 'KISS(Keep It Simple, Stupid) 법칙'이라는 것이 있다. 이 법칙은 단어의 의미 그대로 쉽고 간단하게 누구나 알아들을 수 있도록 말하라는 것이다. 이 법칙은 회의석상이나 비즈니스에서뿐만 아니라 모든 일상 대화에서 상대방을 설득하기 위한 가장 기본적인 대화의 태도라고도 할 수 있다.

무엇보다 사람들은 본능적으로 남 앞에서 자신을 표현하는 자리에서는 누구보다도 자신을 두드러지게 표현하고 싶은 경향이 있다. 그러다 보면 강연이나 업무 보고 자리에서 조차도 간단명료하게 설명하기보다는 온갖 미사여구를 보태 자신을 있어 보이게끔 포장하려는 데 연연하는 사람들이 종종 있다. 이런 태도로는 상대에게 좋은 이미지를 심어주지 못할 뿐더러 상대를 설득한다는 건 더더구나 물건너 간 상황이 될 확률이 높다. 간단하고 일목요연하게 정리해서 말해야 할 대목에서 지나치게 미사여구를 남발한다거나 영어나 전문용어를 자신의 의견인 양 펼쳐놓다 보면 상대는 얘기의 핵심을 놓치게 된다. 그리고는 그저 말하는 사람의 얘기가 어서 끝나기만을 기다리는 위험천만한 상황이 되고 마는 것이다.

일상 대화에서건 공식석상에서건 가장 강력하게 상대를 설득할 수 있는 대화는 쉽고 단순한 표현으로 상대의 귀에 쏙쏙 들어가게 말하는 것들이다. 이렇게 상대가 쉽고도 확실하게 알아들을 수 있는 말들을 하다 보면 상대는 귀를 열고 마음을 열면서 급기야는 말하는 사람의 의도를 충분히 납득하는 단계에 이를 수 있다.

대화의 고전으로 불리는 래리 킹의 《대화의 법칙》에는 KISS 법칙은 모든 일상 대화에 가장 효과적인 대화법이라고 몇 번이고 강조해 말하고 있다. 이 말은 곧 너무 꾸미거나 어렵고 복잡하면 그 말은 이미 죽은 말처럼 취급될 수밖에 없다는 뜻이다. 대화에서 가장 설득력 있고 살아있는 언어습관은 꾸밈없이 쉽고 간단하게 말하고자 하는 바를 정확히 상대에게 전달하는 것이다. 바로 KISS 법칙을 그대로 일상 대화에 적용할 것을 주문하는 것이다.

이처럼 짧고 핵심적인 말은 상대에게 강한 인상을 준다. 우리의 일상 대화는 모두 설명형이다. 사람들은 한 가지를 말하더라도 수식어를 줄줄이 나열해야만 상대가 쉽게 이해할 것이라는 착각에 자꾸 말을 늘이게 되는 것이다.

그러나 장식이 화려한 것일수록 실제 내용은 그렇게 충실하지 못한 경우가 많다. 그러므로 부탁이나 협조의 말은 가급적 짧게 하는 훈련을 해야 한다.

그런 의미에서 시저의 명언인 "왔노라, 보았노라, 이겼노라"는 짧으면서도 정곡을 찌르는 말로 인구에 회자되는 명언이다.

상대의 마음에 강한 암시와 지워지지 않는 인상을 주는 말이란 단지 목소리가 좋고, 말솜씨가 우아하며, 성의가 있는 말이 아니다.

짧으면서 핵심을 찌르는 말이란 오직 대화법을 향상시키는 훈련에서 얻어지는 것이다.

05

이성적이기보다는 감성적으로 말하라

인상 깊게 이야기할 수 있는지의 여부는 말을 잘하는
사람인지 아닌지를 가리는 중요한 기준이다

이성은 머리가 냉철하지만, 감성은 가슴이 따뜻하다. 이성은 복잡하게 계산하고 따져서 질서를 잡지만, 감성은 물 흐르듯 부드럽게 모든 것을 감싼다.

사람의 마음을 움직이는 데는 이성보다는 감성이 유리하다. 사람들은 따지고 분석하고 계산하는 일을 잘 해야 성공에 유리하다고 생각한다. 그러나 그것은 반드시 갖춰야 할 필요충분조건이라기 보다는 취사선택이 가능한 필요조건이다.

대화에서 그보다 더 큰 힘을 발휘하는 것은 상대방을 배려하고, 동정심을 느끼고 감싸주는 감성이다. 감성은 옳고 그름을 따지는 가치가 아니다.

상대방을 잘 이해하기 위해서는 대화 도중 감정 이입이 중요하다.

감정 이입을 충분히 잘 하면 상대에게 감동을 준다. 감정이입은 경청과 비슷한 것으로 내 입장에서 이해하는 것이 아니라, 상대의 감정 및 상태에 들어가는 것, 즉 입장을 바꿔놓고 생각하는 것이다.

:: 감성적인 말하기는 듣는 이가 인상적으로 느끼게끔 하는 말하기

말을 능수능란하게 구사한다는 것은 말하는 사람의 의도가 상대의 머리와 가슴속에 그대로 꽂히듯이 파고들 정도로 사실적이고 직접적인 표현을 쓰는 것을 뜻한다. 상대의 마음에 와 닿는(심금을 울리는) 이야기, 상대의 가슴에 돌을 던지는 이야기는 상대를 흔들어 놓는다. 그런 이야기가 결국 상대방의 마음에 오래 남게 된다.

이성적인 말하기보다 감성적인 말하기를 중요시하는 것은 바로 화자가 말하고자 하는 의도가 듣는 이에게 '인상적으로 남게 하기' 위해서이다. 우리가 흔히 "저 사람의 말은 인상적이었어." 내지는 "정말 가슴에 딱 와 닿는 이야기야."라고 할 때의 이야기가 바로 감성적인 언어로 말할 때의 듣는 사람에게 남는 언어의 잔상이다. 이처럼 '인상 깊게 이야기할 수 있는지'의 여부는 말을 잘하는 사람인지 아닌지를 가리는 중요한 기준의 하나이다.

인상 깊게 말하기 위한 조건은 상대방의 시각에 호소하는 방법과 이야기 속에 대화를 집어넣는 방법, 감정과 마음을 담아 이야기하는 방법 등이 있다.

먼저 상대방의 시각에 호소하는 방법은 말하면서 소리나 색, 상황을 가급적 구체적으로 묘사해 듣는 상대가 말하고자 하는 사람의 상황을 상상할 수 있도록 하는 것이다.

다음으로 이야기 속에 대화를 집어넣는 방법은 말하는 사람의 얘기에 대화를 삽입하는 것이다. 말하는 내용에 대화가 삽입되면 이야기에 생동감이 넘치게 된다.

마지막으로 감정과 마음을 담아 이야기하는 방법은 말하는 사람이 자신이 하는 말에 감정을 담아 이야기하는 것을 말한다. 듣는 사람이 아무리 쉽게 들을 수 있는 이야기라도 말하는 사람의 감정이 실려 있지 않으면 아무래도 말하는 사람의 의도는 100% 전달되지 않는다. 여기서 말하는 사람이 하고자 하는 얘기에 감정을 싣기 위해서는 목소리에 억양을 싣는다거나 말하고자 하는 내용에 묘사를 많이 한다거나, 얘기 하면서 점점 기승전결식으로 클라이막스로 이야기를 끌고 나가는 대화법이라고 할 수 있다. 이렇게 감정을 실어서 말하면 듣는 사람은 말하는 사람의 의도를 효과적으로 이해할 수 있게 된다.

:: 듣는 이가 언어상황을 이미지로 받아들이도록 말하라

감성적으로 말한다는 것은 언어상황을 일목요연하게 정리해서 말하기보다는 듣는 사람이 언어상황을 이미지로 받아들일 수 있게끔 구체적이고 상징적으로 표현하는 것을 의미한다. 화자(話者)가 말하고자 하는 상황을 그림처럼 선명하게 말할 수 있다는 것은 말처럼 그렇게 쉬운 것이 아니다.

어느 직장에서 월요일 점심에 직원끼리 식사를 하면서 일요일에 한 일들을 말하는 자리였다. 한 직원이 "어제는 모처럼 잠실구장에서 야구를 보고 왔습니다."라고 말했다. 이 말은 얼핏 보면 사실적으로 말한 것 같지만 자세히 들어보면 이 말처럼 추상적인 말도 없다. 똑같은 언어상황을 두고 한 직원은 "어제 밤 잠실구장에서 6시부터 시작된 LG와 기아의 빅매치를 홈구장인 LG쪽 1루 스탠드의 응원단장 석 바로 뒤에서 치어리더의 응원에 호응해 신나게 구호를 외치면서 재미있게 보고 왔습니다."라고 표현했다면 어떨까. 누가 듣더라도 이 사람이 어젯밤 잠실구장에서 어떤 상황에서 어떻게 응원했는지가 그림처럼 그대로 연상되지 않겠는가.

마찬가지로 "이제 봄이 왔으니 꽃이 예쁘게 피어나겠지요."라는 표현보다는 "봄이 오니까 요즘 매일 이용하고 있는 3호선 경복궁 역에서 내리면 경복궁으로 가는 길에 쭉 늘어선 개나리며 진달래, 철쭉꽃이 노랗고 빨갛게 울긋불긋 수를 놓으며 거리를 흐드러지게 물들이고 있는 것 같아서 너무나 아름다웠어요."라고 하면 훨씬 선명하게 눈앞에 펼쳐진 이미지로 듣는 사람에게 다가오지 않을까.

이렇게 이미지가 연상되도록 말하는 것이 바로 감성적으로 말하는 것이다. 감성적으로 말하는 사람은 듣는 사람이 흥미를 갖고 들을 수 있고 말하는 사람의 언어상황도 쉽게 이해할 수가 있다. 말하는 사람이 어떤 내용을 이야기할 때는 듣는 사람의 머릿속에서 그 장소의 모습이 이미지로 떠오르게 하는 것이 중요하다. 말 잘하는 사람으로 타인에게 인정받기 위해서는 자신이 하고 싶은 말(주제)과 관계 있는 부분만 구체적으로 표현해서 이해시키려는 노력을 해야 한다.

"그 사람 너무 화가 많이 났어."라는 말보다는 "그 사람이 어찌나 화가 머리끝까지 치솟았던지 마치 펄펄 끓는 물에 데친 문어처럼 얼굴이 뻘겋게 달아올랐어."라고 말하면 듣는 사람은 그대로 그 상황을 이해할 수가 있을 것이다. 이런 점까지 신경을 써야 비로소 주제와 화제의 균형이 잡히고 설득력 있는 이야기가 되는 것이며, 듣는 사람도 마음을 편안하게 하고서 들을 수 있는 것이다.

06

품위를 잃지 않는 말을 하라

> 높은 지성, 풍부한 인간미가 넘치는 사람의 이야기
> 에선 좋은 향기가 난다

대화를 해보면 흐름이 좋고 경쾌하게 말하는 사람이 있는가 하면, 말도 되지 않는 내용을 태연하게 지껄여대는 사람도 있다. 또한 마음에도 없는 소리를 교묘한 화술로 얼버무리는 사람이 있는가 하면 사실을 무시하고 과장된 표현을 서슴지 않는 사람도 있다.

이런 사람은 그 자리는 그럴싸하게 넘길 수 있고 상대방을 감동시킨 것처럼 보일 수 있을지라도 머지않아 파탄의 국면이 기다리고 있을 뿐이다.

내용이 나쁜 회사는 분식 결산으로 주주를 속이고 거래처를 속이고 세상을 속인다. 말의 분식 또한 같은 것이다.

피해가 없는 약간의 과장은 때로는 애교라고 보아야 할 때도 없지 않겠지만 허식은 대개의 경우 사람들의 신뢰를 잃고 말의 무게를 없애 버린다.

높은 지성, 풍부한 인간미가 넘치는 사람의 이야기는 짙은 향기를 느끼게 한다. 바로 이런 사람이 품위를 갖춘 사람의 화술이다.

그것은 말하는 사람의 체취인 것이다. 그것은 미적인 것, 진실한 것, 선량한 것의 자연스런 발로다. 그래서 이야기의 맛은 그 사람의 맛이다.

D종합금융의 오부장은 사내에서 소문난 독서가이자 인격자로 부서 직원들에게 존경을 한 몸에 받고 있다. 오부장은 평소에 부하직원들이나 직장상사에게 말할 때면 부드럽고 은근한 어조로 지시를 내리거나 상사에게 의견을 제시하곤 해 상대방이 그의 말엔 웬만해선 이의를 제기하지 않는다.

무엇보다도 회사의 여직원들이 자신의 신상문제나 가정문제를 곧잘 오부장에게 상의하러 오는 경우가 많다.

이처럼 사내 직원들이 오부장을 자주 찾게 되는 이유는 아무래도 평소에 박학다식함을 특유의 너그러움 속에 포장해 드러내지 않고 원하는 사람들에게 친절하게 전달해 주는 자상한 말투가 한몫 톡톡히 하고 있다는 것이 주변 사람들의 오부장에 대한 평판이다. 무엇보다도 오부장의 따스한 말투 속에 스며있는 그만의 인품이 듣는 이로 하여금 안정되고 신뢰감 있게 오부장의 말을 받아들이도록 한다는 것이 오부장의 화술의 강점이 아닐 수 없다.

:: 상대를 향한 배려가 담긴 대화가 품격 높은 대화이다

말하는 사람의 향기는 어떻게 멋지게 이야기할 것인가 보다 어떻게 바르게 살아가는가 하는 데서 우러나오는 것이다.

흔히 자기를 내세우기를 좋아하는 사람들이 상대를 처음 만났을 때 잘 쓰는 상투적인 인사말이 있다.

"혹시 어느 대학 나오셨어요?"

"사시는 데는 몇 평이십니까?"

"이번 대입에 아드님은 어느 대학에 진학하셨나요?"

정말이지 처음 만난 상대방이 거북스럽게 느끼지 않을 수 없는 곤란한 질문들이다. 이런 질문을 툭툭 던지는 사람은 처음부터 상대에 대한 배려의 마음보다는 상대를 곤란하게 해서 자신이 대화의 주도권을 잡겠다는 얄팍한 의도밖에는 없다. 사실 특별히 의도가 있어서 이런 질문을 하지 않더라도 소위 SKY대학을 나왔거나 강남의 타워펠리스 정도 사는 사람이라면 묻지 않아도 자연스럽게 자신의 얘기를 꺼내게끔 되어 있다. 그러니 제발 이런 알량한 태도로 상대방을 주눅 들게 만드는 화법은 절대로 하지 말자. 이건 대화를 빙자한 상대에 대한 모욕에 가까운 질문들이기 때문이다.

그것보다는 상대를 향한 따듯한 칭찬으로 상대의 마음을 변화시키도록 해보자. 가령 상대방이 마음 졸여 하는 콤플렉스를 거꾸로 칭찬해서 상대에게 '내가 당신을 정말 호감 있게 생각하고 있다' 는 느낌이 전달되도록 해보자. 즉, 눈이 단추 구멍 마냥 무척 작은 사람에게 "00씨는 속눈썹이 정말 예술이에요.." 라고 말한다거나 난쟁이처럼 작은 키의 소유자에게 "00씨는 가슴이 그렇게 단단하고 넓어 보일 수가 없네요. 정말 남자다워요." 라고 말한다면 상대는 기분 좋게 마음을 열고 당신의 말에 귀 기울여 줄 준비를 할 것이다. 상대의 왜소한 부분을 한껏 칭찬해 줘 공감할 수 있는 기분을 조성하는 것. 성공하는 대화의 지름길이다.

:: 품위 있고 자신감 넘치는 연설로 청중을 사로잡은 오바마

오바마는 대화를 할 때에나 연설을 할 때 태도에서나 언어 사용에 있어서 한 번도 품위를 잃지 않았다.

오바마는 자신의 이름인 Barack('축복받은 자' 라는 뜻)을 연설에서 자주 언급하는데 독특한 자신의 이름과 연관지어 미국의 축복과 희망을 말하곤 한다. 그는 미국이 최고의 나라라는 자긍심을 불러일으키는 언어를 사용함으로써 격조 높은 어휘선택과 함께 미국인들에게 자랑스러운 나라에 대한 희망에 부풀게 한다.

즉 오바마가 자주 사용하는 꿈이나, 사랑, 가능성, 신념, 자랑스러움 등의 단어를 통해 오바마는 위대한 보통사람들의 자랑스러운 역사를 개척해 나가자는 가슴 벅찬 미래를 미국인들에게 제시하는 것이다.

이러한 오바마의 품위 있으면서도 자신만만한 젊은 목소리를 듣는 미국인들은 자신도 모르는 사이에 반듯하고 건강한 가치관으로 다가오는 이 젊은 대통령 후보에게 어쩔 수 없이 끌리는 감정을 느끼게 되는 것이다. 청중은 오바마의 연설을 들으면서 부자도 아니고 백인도 아닌 오바마처럼 자신들의 자녀도 최고의 학교에서 훌륭하게 키울 수 있을 것이라는 희망을 가지게 된다. 또한 원대한 꿈을 실현하기 위해 열심히 노력하면 원하는 미래를 그릴 수 있고, 가능성을 현실로 만들 수 있게 해주는 미국에 살고 있다는 사실을 새롭게 떠올리며 자긍심을 느끼게 되는 것이다.

:: 품위는 말하는 사람의 인간미와 교양, 인격의 발로

흔히 말로 하는 자기표현에는 인간성이 문제된다고 한다.

인간미 넘치는 품위가 있어야 한다고 말하면 '나는 태어나면서부터 그런 것과는 거리가 멀어' 라든가, '나 같은 사람에게서 어떻게 품위 있는 말이 나오겠느냐' 고 비꼬거나 지나치게 자기를 비하해버리는 사람들이 있다.

그러나 인간성을 그렇게 고정적인 것으로 생각할 필요는 없다. 이보다 훨씬 다이내믹한 동태로서 파악해야 한다.

그런데 사람의 행동은 생리적으로나 심리적으로 자기가 기쁘게 느끼는 바를 쫓는 방향으로 나아간다. 따라서 힘의 근원, 행동의 유인이 되는 것은 인간의 욕망이나.

아름다움에 대한, 진실한 것에 대한, 선량한 것에 대한 인간의 욕망이 있다.

여기에 답하는 것이 품위의 근원이라고 할 수 있다.

듣는 사람에게 아픔을 느끼게 하는 말은 물론이며, '듣기 싫은데…' 하고 얼굴을 돌리게 하는 이야기나, 일방적으로 상대를 몰아붙이는 태도 등은 결코 품위 있는 대화가 아니다.

아무 말 하지 않는데도 기품을 느끼게 하는 사람도 있다. 그러한 사람은 복장에서도 청초함이 있다. 동양적인 겸허 속에서도 그 사람의 한없는 깊이를 느끼게 될 때도 있다. 품위란 끊임없이 닦여진 그 사람의 인간미이며, 교양이며, 인격인 것이다.

2

당당하게 나를 주장하는
신념의 대화

01

신념에 찬 목소리로 말하라

강한 신념은 언제나 빛나는 광채를 발휘한다

결코 굽히지 않겠다는 신념의 힘이 당신에게 있는 한 어떤 상대도 당신의 설득을 거부할 수 없을 것이다.

사람들에게 자신의 능력을 인정받기는 어렵다. 다른 사람의 능력을 자세히 관찰하기엔 현대인들은 너무나 지쳐 있기 때문이다. 그러나 강한 신념은 언제나 빛나는 광채를 발휘한다.

세상에는 세 종류의 인간이 있다. 하나는 의지력이 약하고 마음이 불안한 부류의 사람들이고, 또 하나는 독립심은 강하나 사물에 대한 편견이 강하고 비타협적인 부류의 사람들이며, 마지막으로 다른 사람의 영향에 지배되지 않고 자기 신념대로 살아가는 부류의 사람들이다.

신념이 강한 사람, 이것은 이상적이지만, 이런 사람이 되기는 그렇게 쉬운 일이 아니다. 확고한 신념을 가지는 것도 어려운 일이지만 다른 사람의 관심에 대해서 초연하기는 더욱 어렵다.

:: 듣는 사람이 호감을 느낄 수 있게끔 말하라

알래스카는 미국에서 제일 큰 주다. 그런데 미국은 이 주를 러시아로부터 살 때 단돈 20만 달러에 샀다. 여기에는 한 용기 있는 국회의원의 자신감 넘치는 발언이 결정적인 역할을 했다.

미국이 러시아로부터 알래스카를 사라고 제안받았을 때 미국의회는 대다수가 반대하였다.

그때 당시 재무상이었던 윌리엄 시워드는 의회에서 자신 있는 목소리로 이렇게 말했다.

"여러분, 나는 눈 덮인 알래스카를 보고 사자는 것이 아닙니다. 나는 그 안에 감추어진 무한한 보고를 보고 사자는 것입니다. 나는 우리 시대를 위해 사자는 것이 아닙니다. 나는 다음 시대를 보고 알래스카를 사자는 것입니다."

윌리엄 시워드의 신념에 가득 찬 연설에 의회는 알래스카를 사기로 결정하였다.

인간에게는 좋아하는 사람의 말에는 곧잘 귀 기울이지만, 싫어하는 사람의 말에는 마음의 문을 닫아 버리는 성향이 있다.

H광고회사의 차부장과 정부장은 회사 입사 동기이면서 서로 라이벌의식을 느끼는 중간 간부들이다. 회사에서 차부장은 전략통으로 통하면서 회사 선후배들의 신망이 두터운 인물이다. 반면 정부장은 정보통으로 통하지만 너무 자기만의 처신을 일삼아 회사 후배들이 별로 따르지 않는 인물이다. 문제는 두 사람의 입사 시와 현재의 위상이 너무도 변했다는 점이다. 입사할 때 정부장은 2등으로 회사 입사 시험에 합격해 주위 사람들의 기대 속에 당당하게 회사 생활을 시작했다. 하지만 차부장은 어렵게 회사 시험에 합격해 별로 알아주는 사람도 없이 겨우 회사 생활을 근근이 할 수밖에 없었다. 그런데 회사를 다니면서 차부장은 선배들의 말을 잘 따르고 뒤에 온 후배들도 잘 다독이며 조직생활의 달인으로 서서히 입지를 굳혀가게 된 반면 정부장은 자신의 주장만 너무 앞세워 회사에서 사사건건 선배와 마찰을 일으키고 후배들에게 자신의 주장만 강요하는 등 차츰 문제적 위인으로 자리매김 되고 있었다. 이 둘의 차이는 중요한 외주 건을 앞두고 벌어지는 각종 프레젠테이션에서 선명하게 드러나곤 했다. 회의에서 차부장이 내놓는 아이디어는 별 게 아닌 것 같은데도 선후배들이 창의적 발상이라며 그에게 후한 점수를 주는 분위기인데 반해 정부장의 아이디어는 나름 독특하고 획기적인 발상인데도 불구하고 회사 동료들의 반응은 미지근한 정도에 그치는 것이다. 무엇보다 심각한 것은 아이디어 회의 전에 정보

를 취합하는 과정에서 후배들은 차부장에게 신선하고 영양가 높은 아이디어를 자진해서 내놓는 반면 정부장의 부탁은 형식적으로 그의 앞에서만 듣는 척 하다가는 의례적으로 내놓는 평범한 아이디어만 마지못해 제출한다는 점이다. 한 마디로 두 사람의 게임은 애초부터 승패가 예상될 만큼 확연한 차이를 보였다.

여기서 우리는 대화의 보이지 않는 속성을 하나 확인하게 된다. 그것은 바로 긍정적으로 당신의 이야기를 듣게 하려면 이치를 따지는 것보다 듣는 사람의 호감을 얻어야 한다는 점이다. 특히 직장에 있어서는 보고·연락이 빈번하고, 지시·전달·명령·설득으로 사람을 움직이지 않으면 안 될 상황이 계속 발생한다. 바쁜 직장에서 대화를 하다 보면 표현이 부족하거나 지나치게 간결해서 핵심이 분명하지 않은 경우가 있다. 그러나 그러한 점을 보충해 가면서 부드럽게 의사소통을 이루어 가는 것이 끊임없이 연속되는 인간관계인 것이다. 설령 이야기를 하지 않았을 경우에도 평소에 호감을 얻었을 때는 "그 사람이 이야기하지 않는 것은 바빠서 잊어버린 것이겠지. 악의가 있어서가 아닐 거야." 하고 상대의 입장을 이해하고 받아들이게 된다. 그러므로 평소에 호감을 갖는다는 것이 말의 효과를 높이는 지름길이다.

:: 웃는 얼굴로 밝고 편안하게 말하라

어떤 이야기에 있어서나, 이성보나 삼성에 호소해야 한다는 점을 잊지 말아야 한다.

따라서 웃는 얼굴로 밝게 이야기하는 것이 상대의 마음을 여는 기본이다.

웃는 얼굴은 상대방에 대해 '나는 당신에게 호감을 갖고 있습니다.' 하는 의사표시임을 알아야 한다. 일반적으로 웃음 띤 얼굴을 하고 있는 사람에게는 경계심을 품지 않는다. 또 밝게 이야기하는 태도에는 누구나 호감을 갖게 마련이다. 누구나 어둡고 비오는 날보다 밝은 날을 좋아하는 것과 같은 이치이다.

설령 음악을 모르더라도 모차르트의 음악을 들으면 그 밝은 선율에 누구나 마음이 사로잡힌다. 웃는 얼굴과 밝은 모습으로 이야기하는 태도는 모차르트의 음악처럼 상대방에게 호감을 갖게 한다.

우리가 당당하게 말할 수 있으려면 스스로에게 잠재의식에서 벗어날 수 없도록 주문을 걸어서는 안 된다. 사람들은 종종 타인과 대화를 나누면서 스스로에게 '긴장하지 말자' 며 마음의 주문을 하는 경우가 많다. 이때 스스로에게 내린 주문은 무의식적으로 자신의 행동을 제약하게 한다. 무엇보다도 스스로 주의해야 할 것은 자신에게 명령을 내리는 방법이다.

'나는 이 사람 앞에서 긴장하지 않고 말할 수 있어.'

'나는 이 사람에게 말하려고 하는 내용을 떨리지 않고 전달할 수 있어.'

이처럼 스스로에게 주문을 걸고 상대와 마주해 대화를 하게 된다면 십중팔구 얼굴은 긴장해서 화끈거릴 것이고 목소리마저 평소보다 더 떨려서 상대에게 자신이 무척 긴장하고 초조해한다는 것을 그대로 노출시키고 말 것이다. 이렇게 되면 당당하게 자신의 의견을 제시한다는 건 애시당초 포기해야 할지도 모를 일이다. 무엇보다도 스스로에게 주문을 걸듯이 '나는 긴장하지 않아', '나는 떨리지 않아'라는 생각을 한 그 순간 당신의 머릿속에서는 이미 긴장하고 떨리는 모습이 이미지로 각인되기 때문이다. 부정적인 암시는 자신을 부정적으로 만들어버린다. 성공을 굳게 믿고 긍정적인 이미지만 떠올리는 습관을 들여라.

오늘 이 순간부터 사람들 앞에서 당당하게 말할 수 있으려면 마음속으로도 '나는 당당하게 말할 수 있다'는 신념을 가지고 대화에 임하라. 그러면 당신은 정말 당당하게 자신감에 찬 목소리로 상대에게 자신이 말하고자 하는 바를 정확히 전달할 수 있을 것이다.

02

자신감 있게 말하라

> 자신감을 가지고 말하면 상대는 나를 신뢰하고
> 적극적으로 협조한다

사람은 자신감을 갖게 되면 스스로 자신이 다른 사람들에게 중요한 존재라고 느끼게 되는데, 이것은 자만과는 다른 심리적 우월감이다. 자신을 스스로 중요한 존재라고 느끼는 마음은 다른 말로 자존감이라고 말한다. 외국에서는 이를 '자부심'이라고 해서 자부심이 강한 사람을 '프라이드가 센 사람'이라며 특별한 신념과 자기 주관으로 세상에 당당하게 도전하는 사람을 일컫기도 한다. 무엇보다 자존감이 높은 사람들은 자신의 주장은 물론이고 자신이 지키고자 하는 세계에 대해서도 강한 신념을 갖고 있다. 따라서 자존감이 높은 사람은 도덕적으로도 상당히 높은 수준의 생활을 하며 이러한 자세는 언어습관에서도 타인에게 당당하면서도 절도 있는 태도로 임해 타인에 대한 배려가 담긴 대화를 곧잘 하곤 한다.

'나는 꼭 필요한 사람이다' 혹은 '나는 할 수 있다'라는 자신감을 가지고 말할 때 상대방은 분명히 당신을 신뢰하게 되고 적극적으로 협조하게 될 것이다.

카피라이터들은 광고 제작을 끝낸 후에 보통 심각한 불안감에 휩싸인다고 한다. 자신의 카피가 광고주로부터 어느 정도 광고 효과를 신뢰할 것인가에 대한 고민으로 매우 초조해진다는 것이다. 실제로 어떤 사람은 작업이 모두 끝난 후에도 몇 날 며칠을 뜬눈으로 지새우기도 한다고 한다.

이런 경우 초조해하고만 있을 것이 아니라 성공할 수 있다는 강한 자신감을 피력해야 한다.

"사장님, 염려하지 마십시오. 틀림없이 성공할 것입니다."

카피라이터가 자신 있게 이렇게 말한다면 어떤 광고주라도 그를 신뢰하지 않을 수 없을 것이다.

얼마만큼 타인의 호감과 도움을 받을 수 있는가는 결국 자신의 신념과 의지에 달려 있다고 해도 과언이 아니다. 언제나 자신 있는 말투로 당신의 의견을 주장한다면 누구라도 호감을 가지고 당신의 말에 귀 기울일 것이다.

:: 긍적적인 사람은 상대에게 긍정적인 에너지를 전달한다

아랫사람을 통솔해 본 경험이 있는 사람이라면 상대의 능력을 더욱 발휘시키기 위해서는 직선적인 요구나 노골적인 부탁보나는 우회적인 방법이 더 효과가 있다는 사실을 잘 알고 있을 것이다.

사람은 누구나 무한한 능력을 지니고 있다. 그러나 이 능력은 우연한 일로 확대되거나 계발될 수 있는 것이 아니다. 좀 더 분발하려 하는 욕구가 있어야만 가능한 일이다.

나폴레옹이 "나의 사전에는 불가능이란 단어가 없다."고 호언하면서 험난한 알프스를 넘은 일이 인간능력의 무한한 가능성을 보여주는 대명사로 불리는 것도 이 때문이다.

그렇지만 나폴레옹의 기백은 영웅주의에서 비롯된 것으로써 아무나 쉽게 그와 같은 충동을 자기 것으로 해서 분발할 수는 없다.

"늦었다고 생각할 때가 가장 빠를 때이다."라는 말이 있다. '해보겠다'는 의욕만 있으면 언제든지 시작할 수 있다는 말이다.

인생을 바라보는 태도가 긍정적인 사람이 나누는 대화는 늘 상대에게 긍정적인 에너지를 전달한다. 말하는 사람이 언제나 웃는 낯으로 '행복한 기운'이 넘쳐나서 상대에게 말하면 듣는 상대가 아무리 성공한 사람이라도 말하는 사람의 기운에 압도되어 그 사람에게는 자신이 한없이 작게 느껴지게 된다. 이처럼 긍정적인 삶의 태도로 대화를 하는 사람들은 언제나 스스로 에너지가 넘치고 자신감에 차서 말을 하기 때문에 상대에게 진심으로 말할 수 있게 된다. 이들은 스스로가 마음에 전혀 그릇된 감정이 없기 때문에 말하면서도 충분히 진심어린 말만을 하게 돼 상대도 그런 기 찬 에너지를 전달받는 특별한 경험을 하게 된다. 한 마디로 긍정적인 태도로 일관하는 사람과 대화를 하다 보면 자연히 '살아있다' 는 느낌을 강하게 받게 된다. 사실 현대인들은 일과 생활에 쫓기며 사느라 매일을 생동감 있게 펄떡이는 물고기처럼 싱싱하게 살 수는 없다. 그러다 보니 긍정적인 태도로 싱싱하게 말하는 사람들과 대화를 나누다 보면 정말이지 톡톡 튀는 대화로 말하는 내내 신선한 충동에 휩싸이게 되는 느낌을 강하게 받게 된다.

자신감 있게 말하기 위해서는 스스로 자신감을 갖고 대화에 임하는 태도가 중요하다. 대화에서 자신감 있게 말하기 위한 태도로는 상대를 정면으로 바라보면서 말하는 자세가 필요하다. 이때 말투는 '~라고 생각합니다' 내지는 '~합니다' 라는 말로 끝을 맺는 것이 듣는 이에게 예의를 갖추면서도 자신감 있게 말하는 느낌을 줄 수가 있다. 또한 자신이 하고자 하는 말이 어떤 내용인지 먼저 머릿속으로 구상한 후에 가급적 요점만 또박또박 상대가 잘 들을 수 있게끔 말하면서 하고자 하는 말들을 순서대로 편안하게 이어서 말하는 것이 효과적인 대화의 자세이다.

자신감 있게 자신이 말하고자 하는 내용을 충분히 말하기 위해서는 자꾸 빨리 빨리 말해서 끝맺고자 하는 조급한 언어 습관을 고쳐야 한다. 느긋하게 하고자 하는 말은 다하겠다는 자세로 또박또박 상대가 잘 들을 수 있도록 약간 고음으로 천천히 말하는 습관을 들여야 한다. 이때 천천히 말하면서 발음이 잘 안 되면 조금 더 말하는 속도를 늦춰서 정확하게 말음하는 언습을 평소에 꾸준히 해둘 필요가 있다. 그래야만 상대가 잘 들을 수 있는 정확한 발음으로 끝까지 원하는 속도대로 말을 잘 할 수가 있다.

:: 상대의 능력을 신장시키려면 상대의 재능을 북돋아주어라

용기를 발휘한다는 것은 자신이 지닌 능력을 표면화하는 것을 말한다. 이때 적극적인 사람은 혼자서도 얼마든지 용기를 내서 일을 시작할 수 있으나, 소극적인 사람은 다른 사람의 도움을 필요로 하기도 한다. 상대방을 고려하지 않은 무분별한 충고나 격려만으로는 개인의 능력이 확대되거나 신념이 굳어지지 않는다.

인생의 묘미란 보이지 않던 것을 스스로 발견하는 과정에 있다. 오른손은 계속 사용함으로써 숙련되어 자유롭게 쓸 수 있게 되지만 왼손은 쓰지 않아 그 움직임이 둔화되어 간다. 만약 당신이 왼손도 자유롭게 쓰고 싶다면 갑작스럽게 사용하기보다는 점진적으로 활용하는 것이 좋다.

사람은 혼자서는 인생의 파도를 헤치며 살아갈 수 없는 존재이다. 로빈슨 크루소의 이야기는 한낱 소설일 뿐이고 탐험가들의 용기 역시 전설로 돌려야 한다. 누구도 당신에게 직접적인 도움을 줄 수는 없다. 실상 인간은 자신의 능력과 용기에 의지해서 살아가야 하는 존재이다. 자신의 결정에 의해 삶을 영위해야 하는 것이다. 그러므로 상대에게 해보라고 말하는 것은 위험스럽기까지 한 일이다.

따라서 상대의 능력을 신장시키려면 먼저 스스로 해보겠다고 생각하도록 분위기를 조성해주어야 한다. 상대에게 혼자서도 잘 할 수 있겠다는 자신감이 생겼을 때 적당한 방향을 제시해주는 것이다. 이렇게 함으로써 상대의 능력은 무한히 확대될 수 있고 실의에 빠졌다 하더라도 금방 용기를 되찾을 수 있는 것이다.

여유 있게 말하라

유머가 있는 이야기야말로 듣는 사람의 마음을
사로잡고 위로하며 분발시킨다

인도의 성웅 간디는 이렇게 말했다.

"나에게 유머를 즐길 수 있는 센스가 없었더라면 아마 자살하고 말
았을 것이다."

정신적으로 그렇게 강인하고 강렬한 개성을 지녔던 그도 이렇게
유머를 높이 평가했으며, 언제나 의식적으로 유머를 즐겼다.

유머는 인생을 즐기는 자극제이다. 유머가 없는 삶은 무미건조하
다. 유머는 자아의 밖에서 자아를 관조하는 초자아이다. 따라서 지
쳐 있는 인간생활에 청량제로 유머만큼 효과적인 것도 없다.

대화에 능한 사람은 유머의 사용법을 안다. 유머가 있는 이야기야
말로 듣는 사람의 마음을 사로잡고 위로하며 분발시킨다. 직장에서
도 유머가 있는 말솜씨는 주위 사람들을 부드럽게 감싸주고, 분위기

를 밝게 한다.

어느 비서가 아침에 차를 끓이려고 하는데 커피포트가 없어진 것을 발견했다. 그녀는 얼굴을 붉히면서 말했다.
"사장님, 커피포트가 없어졌어요!"
"그래? 걱정 말라구. 내가 곧 커피포트 공장 사장과 사돈을 맺게 되거든."

이런 이야기를 들으면 아무리 까다롭고 사무적인 이야기도 부드럽게 받아넘길 수 있는 분위기가 조성된다.

:: 좋은 대화란 말하는 중간에 간격을 두는 대화이다

세기의 명작을 감상하다 보면 항상 그림에 여유로운 여백 공간이 있음을 알게 된다. 이 여백은 명작의 향기를 더욱 그윽하게 느낄 수 있는 긍정적인 효과를 발휘하게 된다. 이러한 여백의 효과는 우리가 하는 일상 대화에서도 마찬가지 효과를 발휘할 수 있다. 두 사람 사이의 대화에서 '여백'은 바로 말과 말 사이의 '간격'에 해당한다고 하겠다. 화자가 말하고자 하는 바를 가둬두었던 댐의 물을 방류하듯이 거침없이 마구 쏟아낸다면 듣는 사람은 화자의 대화 내용을 100% 따라갈 수가 없다. 화자는 열심히 자신의 의도를 충분히 말했다고 흡족해 할지는 몰라도 정작 그 얘기를 듣는 청자는 화자의 의도를

100% 다 소화해냈다고 할 수가 없다. 심하면 화자가 무슨 말을 했는지 도무지 감을 잡을 수 없을 지경에 이르기도 한다.

따라서 말을 잘하는 사람은 무슨 대화를 나누더라도 대화의 여백에 해당하는 말과 말 사이의 '간격'을 꼭 두고 얘기를 진행한다. 이 간격은 말하는 사람과 듣는 사람 사이에 서로 오가는 호흡이 될 수도 있고, 서로가 말한 바를 잠깐이나마 생각하게 하는 정리의 시간이 되기도 한다. 일상적인 대화에서는 화자와 청자 사이에 간격이 그리 큰 영향을 미치지 않을 수도 있다. 하지만 강연이나 프레젠테이션 같은 다수를 상대로 한 대화에서는 화자의 대화 사이의 간격을 두는 것이 서로를 이해하게 하고, 화자의 의도를 제대로 파악하게 하는 데 대단히 중요한 역할을 감당한다. 특히 수많은 청중들 앞에서나 프레젠테이션을 듣는 크라이언트 앞에서는 쉽게 조절할 수 없는 고난도의 말하기 테크닉 중의 하나이다.

대화를 하면서 화자가 잠시 간격을 둘 때는 말하는 도중에 호흡을 가다듬는다거나, 어떤 내용에 감동해서 갑자기 말문이 막힐 때, 적절한 단어를 선택하기 위해 잠시 뜸을 들일 때 등이다.

이 중에 상대의 양해를 구하는 의미에서 간격을 두고자 할 때는 화자가 말하고자 하는 내용의 의미라든가 말하는 사람의 의도나 감정을 상대방에게 쉽게 전달하기 위해 활용하곤 한다. 또한 상대가 화자의 의도를 얼마나 잘 이해했는지를 확인하기 위해서도 대화 중의 간격을 활용하기도 한다.

대개 "요즘 경기가 이렇게 안 좋은 데도 우리 회사는 끄덕도 없다는 게 뭘 의미하는지…… 여러분도 잘 아시겠죠?"라든가 "이 문제는 정말 중요한 거니까 명심해서 들어주세요……아셨죠?" 정도의 의미로 대화 중에 사용된다.

또한 화자가 청자에게 여운을 주고 인상 깊게 대화를 기억하도록 하기 위해 쓰는 간격은 주로 화자의 감동을 청자도 느끼길 바라는 마음에서 활용하곤 한다.

대개 "정말 그렇게 철없던 사람이 이렇게 훌륭한 사람이 되리라고는 꿈에도 생각 못했어요. 참 지금 생각해봐도 그 사람 정말 잘 됐지 뭡니까……" 정도의 의미로 대화 중에 사용된다.

마지막으로 화자가 청자에게 뭔가를 기대하게 만들 때 쓰는 간격은 화자의 얘기가 '이 다음에는 어떤 내용이 전개될까?'라는 기대감을 한층 높이고자 할 때 활용하는 방법이다.

대략 "지금, 미국은 이번 WBC 야구대회에서 한국이 선전을 해서 정말 큰 화제를 불러모으고 있습니다. 이건 정말 대단한 일이지요…… 이게 무얼 의미하는가 하면~" 정도의 의미로 대화 중에 사용된다.

이밖에도 화자가 자신의 의견에 청자에게 동의를 얻기 위해서도 간격을 활용하고, 청자에게 자신의 이야기에 뭔가를 생각하도록 시간을 주기 위해서도 간격을 활용하곤 한다.

또한 말하는 사람이 자신의 이야기에 흥미를 갖게 하기 위해 말하는 도중에 청자에게 질문을 던지는 경우도 있다. 이때는 반드시 청자가 생각을 정리할 수 있도록 좀 더 긴 시간적 간격을 줄 필요가 있다.

예를 들어 "요즘처럼 세계 경제가 불황인 상황에서 또다시 미국발 금융위기가 닥쳐온다면 우리의 투자 성향은 어떻게 바뀌어야 할 거라고 생각하십니까?……"처럼 화자의 질문에 청자가 진지하게 숙고해봐야만 할 내용의 질문일 경우 청자에게 좀 더 긴 간격의 시간을 줄 필요가 있다는 것이다.

마지막으로 같은 말이라 할지라도 화자가 말하는 부분의 어느 한 대목을 특별히 강조해서 청자에게 전달하려고 할 때는 말하는 도중에 간격을 두면서도 강조하는 부분에는 꼭 그 대목에 강한 임팩트를 주면서 천천히 또박또박 말할 필요가 있다. 이런 대화의 기술이야말로 청자를 자신에게 주목하게 만드는 말 잘하는 사람의 특별한 대화법이다.

:: 여유 있는 말하기를 구사하기 위한 조건

유머란 상대에 대한 마음 씀씀이며, 한 마디 말로 주위를 포근히 감싸주는 방법이다. 유머는 마음의 여유에서 나온다. 각박한 마음에서는 나올 수 없는 것이다.

여기에서 혼동하지 말아야 할 것은 유머가 단순히 '웃기는' 것이 아니라는 점이다. 단순히 웃기는 것이라고 착각하고 천박한 표현으로 남을 웃기려는 사람이 있는데, 그것은 결코 유머가 아니다. 그런 것은 나쁜 뒷맛만 남길 뿐이다.

유머에는 우아함이 있어야 한다. 그러기 위해서는 교양이 있어야 한다. 교양이란 마음의 풍요함이며, 남을 헤아리는 깊은 마음이다. 학력이 높을지라도 교양이 없는 사람은 얼마든지 있다. 학력을 코에 걸고 다니는 사람은 바로 교양이 없다는 증거이다. 지식을 자랑하는 사람 또한 같다.

교양 있는 사람이란 상처받기 쉬운 상대의 마음을 헤아릴 줄 아는 섬세한 신경을 가진 사람이다. 따라서 훌륭한 대화자란 다음과 같은 조건을 갖추어야 한다.

① 듣는 사람의 심경을 헤아린다.
② 말하기 전에 부드러운 마음가짐을 잊지 않는다.
③ 알기 쉬운 표현을 사용한다.
④ 풍부한 교양을 갖춘다.

이러한 조건을 생각하면서 이야기하는 습관을 들이면 틀림없이 당신의 대화 능력도 향상될 것이다.

무엇보다도 마음의 여유를 잃지 말라. 마음의 여유가 있어야 유머가 나오기 때문이다.

04

'우리' 라는 말을 자주 써 일체감을 조성하라

> 성공적으로 생활하는 직장인일수록 '우리' 를
> 강조하고 '우리' 라는 언어를 많이 사용한다

　우리가 언어생활을 하는 데는 개인적으로는 원활한 의사소통을 하기 위해서 말하는 기술을 익힐 필요도 있지만 조직이나 단체의 협동이나 일체감을 불어넣기 위해 특별히 강조해 말해야 할 상황도 종종 발생한다.

　조직이나 단체의 특별한 목적을 달성하기 위해서 잘 쓰는 말이 바로 '우리' 라는 단어이다. '우리' 라는 말은 상대에게 일체감을 불어넣어주는 가장 탁월한 언어 중의 하나이다.

　대화란 본질적으로 대화하는 '상대' 와 '나' 와의 의사교환이다. 즉 '나' 와 '너' 사이의 갈라놓은 간격을 매우기 위해서 하는 행위이다. 그러므로 효과적인 대화를 하기 위한 가장 기본적인 단계는 '너' 와 '나' 를 '우리' 로 바꾸는 것이다. 대화하는 '상대' 와 '내' 가 '우리'

가 될 때 대화는 그 어느 때보다도 원만하게 이루어진다.

:: 더불어 함께하기 위해 우리를 자주 사용하라

우리는 세상을 살아가면서 독불장군식으로 혼자서 모든 일을 처리할 수는 없다. 자신이 아무리 뛰어난 재능을 갖춘 사람이라고 할지라도 일을 진행하는 것은 주변의 다른 사람들과 함께하는 것이다. 사회생활을 잘 하기 위해서 우리는 직장에서는 상사나 동료, 부하직원의 도움을 받거나 도움을 주기도 한다. 또한 친지나 학교의 선후배와 긴밀한 관계 속에서 역시 도움을 주고받으며 사회의 일원으로서 자신의 역할을 다하게 되는 것이다.

사정이 이렇다 보니 조직에서의 단체생활에서 유독 '우리'라는 말이 강조되고 조직원간의 단합이나 화합을 권하는 언어생활이 직장생활에는 많은 부분을 차지한다.

가령 매출이나 실적을 중요시하는 회사 영업부나 보험회사 같은 곳에서는 조직의 단합과 화합을 유도하는 의미에서 각종 회의나 조례시 '우리'라는 말을 의도적으로 자주 사용한다.

"오늘 세계적인 위기의 시대에서 '우리'는 이 불황의 늪을 이겨내기 위해서 보다 단결된 의지로 '우리 조직'의 역량을 최대한 높이기 위해 노력해야 할 것입니다."

"금년에 우리 회사 여의도지점은 각종 국내외의 어려운 여건 속에서 직년 대비 10%의 신장세를 기록했습니다. 우수한 역량을 지닌

'우리 직원' 들의 헌신적인 노력이 오늘의 좋은 결과를 이루고 말았습니다. 우리는 여기에 만족하지 말고…"

일상적인 대화보다 직장생활에서 사용하는 언어 중에 유독 '우리'라는 단어가 많이 사용되는 것은 바로 우리는 혼자서 살아갈 수 없기 때문일 것이다. 직장생활을 하면서도, 비즈니스 세계에서도 누군가를 돕고, 누군가에게 도움을 받으면서 우리는 살아가고 있다. 즉, 누군가에게 사회적 지원을 제공하거나 제공받으면서 살아가고 있는 것이다. 그 누군가는 대체로 혼자가 아닌 다수의 인간인 '우리' 인 것이다.

따라서 사회 속에서 원활하고 성공적으로 생활하는 직장인일수록 '우리' 를 강조하고 '우리' 라는 언어를 많이 사용한다. 결국 이 다수의 인간은 결국 각각의 다른 사람들로부터 도움을 받거나 다른 사람에게 도움을 주면서 살아가는 것이다.

우리는 이렇게 다양한 사회적 지원의 네트워크가 그물망처럼 얽힌 사회에서 생활하고 있다. 이 네트워크를 통해 정보가 필요할 때 쉽게 지원을 받을 수 있다.

05

주눅 들지 말고 말하라

> 상대를 움직여 협조를 얻고 싶을 때는 고자세로 꼭 상대의
> 협조를 얻겠다는 신념을 가지고 일관되게 나가라

사람은 누구나 한두 가지 콤플렉스가 없는 사람이 없다. 문제는 콤플렉스를 대수롭지 않게 인정하고 보다 나은 발전을 위한 발판으로 삼는 사람과 콤플렉스에 빠져 스스로를 너무 위축시키는 사람과의 차이이다.

우리는 대개 3류대학 출신 직장인이라든가, 가난한 집안에서 어렵게 공부한 사람, 든든한 배경이 없는 사람들이 주눅이 들어 살아간 것으로 오해를 한다. 하지만 필자의 경험으로는 학벌이나 가문, 배경은 자신이 어떻게 느끼느냐에 따라 일류대학을 나온 사람이나 명문 가문의 자제라 할지라도 주눅이 들 수가 있고, 3류대학을 나왔거나 보잘 것 없는 집안 출신이라도 자부심을 갖고 당당하게 세상을 살아갈 수 있는 것이다.

무엇보다 스스로 주눅 들지 않고 당당하게 세상에 맞서보려는 의지를 지닌 사람과 그렇지 않은 사람은 사회생활이나 인생의 경륜을 쌓아가면서도 현격한 차이를 보일 수밖에 없게 된다. 이러한 콤플렉스의 유무는 그 사람의 언어생활에서도 뚜렷한 차이를 보인다. 사정이 이렇다 보니 자신의 콤플렉스를 극복한 사람은 항상 타인과 얘기를 나누면서도 늘 당당하고 밝은 분위기로 대화를 주도하지만 스스로의 콤플렉스 늪에서 헤어나지 못하는 사람은 늘 말하는 태도도 위축돼 있고 자신의 의견보다는 타인의 말만을 듣기에 연연하곤 한다.

사람은 자신보다 강한 사람을 만나면 상대보다 자신이 약자라는 생각에 스스로 나약해지게 된다. 그러나 나약하게 보이면 자신이 비전문직으로 보이고 자신이 원하는 것을 얻을 수 없게 된다. 따라서 파워 있게 말하는 법을 배워야 한다.

파워 있게 말하려면 사과를 할 때에도 지나치게 많은 변명을 해서는 안 된다.

:: 평소에 파워 있게 말하는 방법을 익혀라

직장생활을 하는 샐러리맨이나 영업실적을 올리기 위해 현장에서 뛰는 세일즈맨들은 항상 남에게 힘차게 말하는 방법을 익힐 필요가 있다.

파워 있게 말하는 연습을 하기 위해서는 평소에 상대에게 자신의 의도를 정확하게 전달하는 훈련을 게을리하지 말아야 한다. 이를 위해서는 6하 원칙에 따라 자신이 말하고자 하는 내용을 상대가 알아들을 수 있게끔 조금 높은 톤으로 또박또박 말하는 연습을 시간 있을 때마다 해봐야 한다. 또한 상대에게 말할 때 끝맺음이 명확한 '~했습니다.', '~라고 판단합니다.', '~라고 분석할 수 있습니다.' 와 같이 간단명료하면서도 전하고자 하는 바를 확실하게 끝맺는 연습을 직장동료와 같이 할 필요가 있다.

또한 거울을 보면서 단정한 태도로 자신의 말투나 눈의 위치, 목소리의 톤도 일정하게 유지하는 연습도 꾸준히 할 필요가 있다.

무엇보다도 파워 있게 말하는 법은 말하는 사람이 신념을 갖고 자신의 의도를 자신 있고 진지하게 말할 수 있는 당당한 태도를 견지하는 것이 중요하다. 그래야만 상대에게 자신의 의견을 설득력 있게 전달할 수 있고, 이견(異見)이 있을 때에도 특별히 자신의 잘못이 아니라면 서로 다른 의견으로 상대가 받아들일 수 있는 여건이 조성될 수 있다.

상담을 할 때나 대화를 할 때 저자세로 일관하면 비굴하게 보일 수 있으며 사람들의 미움을 사기 쉽다. 상대의 미움을 사면 마음을 움직일 수가 없고, 마음을 움직이지 못하면 협조도 기대할 수 없다.

필자가 잘 아는 K보험의 보험설계사인 허FP는 고객과 상담을 할 때 절대로 저자세로 보험컨설팅을 하지 않는다. 물론 고객이 원하는 자산설계 자료나 최신 보험정보에 관한 문의에는 최대한 친절하고 성실하게 임하지만 보험설계니 고객의 니즈에 대해서 말할 때는 고객이 꼭 설계해야 할 부분은 절대로 양보하지 않는다. 그것이 허FP가 진정으로 고객을 위하는 길이라고 생각하기 때문이다. 가끔은 허FP의 이런 고압적인(?) 상담에 기분이 상한 고객이 순간적으로 허FP를 떠나곤 하지만 얼마 안 있어 허FP의 컨설팅이 가장 진실하고 자신에게 꼭 맞는 맞춤설계였다는 것을 알고는 다시 허FP에게 보험 계약을 맺곤 했다. 허FP는 늘 보험설계사의 사회적 책무에 충실해 고객의 니즈에 가장 충실하게 보험설계를 하려고 한다. 이러한 허FP의 보험에 대한 소신이 고객의 마음을 움직여 '허FP에게 맡기면 손해보지 않는다' 는 평판이 쫙 깔려있어 어느새 그녀는 K보험사의 리더FP로 각광을 받고 있다.

덕이 부족한 사람도 저자세가 되고 비굴하게 보이기 쉽다.
　세익스피어도 "덕이 없으면 덕을 상상해서라도 키워라."라고 까지 말했다. 덕이 없는 사람에게 협조하고자 하는 사람은 없다. 덕이 있는 사람은 상대에게 여유와 능력을 지닌 사람으로 평가받아 쉽게 협조를 얻을 수 있다.
　협조를 부탁하는 말은 신뢰할 수 있어야 한다. 아무리 훌륭한 말이라도 신뢰를 줄 수 없다면 효과를 기대하기 어렵다. 입에 발린 말과 능수능란한 웅변으로 상대를 설득하여 협조를 얻기보다는 신뢰감을 보이는 것이 훨씬 설득력이 있다.

천하제일의 사기꾼이라도 자기 집에서까지 비굴한 웃음을 짓지는 않을 것이다. 적어도 가족들 앞에서는 위엄을 갖추어야 가장으로서 영향력을 발휘할 수 있기 때문이다. 마찬가지로 특히 상대의 협조를 구하는 데 있어서는 절대 비굴한 태도로 임해서는 안 된다.

"짐이 곧 국가이다."라는 명언을 탄생시킨 프랑스는 20세기에 또다시, "내가 곧 프랑스이다."라고 외친 드골을 탄생시켰다.

1961년 1월, 드골은 친구들로부터, "국민투표에서 지지해준 사람들에게 감사의 뜻을 전해야 되지 않겠는가?"라는 말을 듣고 "어떻게 프랑스가 프랑스에게 감사의 뜻을 표한단 말인가?"라는 거만한 대답을 했다.

하지만 드골은 국민들 사이에서 거만한 지도자로 군림한 것이 아니라 신망과 절대적 힘을 지닌 지도자로 영원히 부각되었다.

《신념의 마력》의 저자 브리스톨은 "상대를 움직여 협조를 얻고 싶을 때는 고자세의 집념으로 꼭 상대의 협조를 얻겠다는 신념을 가지고 일관하라."고 말했다.

아무리 어려운 협조와 동의를 구할 때라도 아첨의 분위기로 접근하면 실패할 확률이 높다. 상대는 바로 내 자신의 신념과 굳은 의지에 마음이 끌리기 때문이다.

3

마음으로 다가가는
감동의 대화

01

작은 변화에도 관심을 가져라

**사람들은 자신의 사소한 것에 관심을 가져주면 그
사람을 특별한 존재로 인정하게 된다**

인간은 누구나 자신에 대해서 관심이 많다. 그래서 단체 사진이 나
오면 자기 모습부터 먼저 찾아보게 된다.

하지만 다른 사람은 당신만큼 당신에 대해서 관심이 없다. 따라서
복장, 헤어스타일, 체형 등 사소한 일에 관심을 갖는 사람이 있으면
그 사람에게 호의를 느끼며 그 사람을 특별한 존재로 인정하게 된다.
그런 사람에게는 팔을 걷어 붙이고서도 나서겠다는 생각을 하게 된다.

우리가 보통 분위기가 좋은 회사라고 말하는 직장에 가보면 직
장 내의 직원들끼리 오가는 대화가 그렇게 사사롭고 가족적일
수가 없다. 전직원이 8명인 조그만 출판사에서 6년째 근무하는
정과장은 자신의 직장이 그렇게 좋을 수가 없다. 정과장은 우선

자신이 하는 편집일이 너무나 마음에 드는 데다가 직원들끼리
조그만 것까지도 잘 챙겨줘서 어떨 때는 집에서 같이 지내는 여
동생보다 더 친근하다는 느낌을 받을 때가 한두 번이 아니다. 어
제는 오랜만에 스트레이트 퍼머를 하고 회사로 출근했다가 부
장님 이하 여자 후배들까지 전부 한 마디씩 칭찬의 말을 아끼지
않는지라 업무가 잘 되지 않을 지경이었다. 출근하면서 부장님
자리를 지나치자마자 "어머, 정과장, 요즘 연애하나 봐, 그렇게
예쁘게 스트레이트를 하면 나는 기 죽어서 살겠니." 하고 한마
디 한다. 그러자 곁에 있던 광고담당 차대리가 "언니, 너무 멋지
다. 이제 그렇게 하고 다녀요. 딱 언니 스타일이네."하면서 자신
의 머리 모양을 부러워하는 말을 한다.

이처럼 직장 상사와 동료, 후배들이 자신의 사소한 변화까지 꼭
꼭 챙겨서 한마디씩 해주니 오과장은 이 회사가 정말 내 집 같
고, 직원들도 가족같이 느껴지지 않을 수가 없다. 이렇게 좋은
분위기로 일하다 보니 직원들 사이에 오가는 대화도 한층 화기
애애하고 말 한마디를 해도 상대를 위하는 따스한 말들이 오가
서 이 회사엔 하루 종일 종달새가 지지배배하듯이 끊이지 않고
대화가 오가곤 한다. 물론 회사 분위기가 좋다 보니 업무 생산성
도 그만큼 타회사에 비해 월등히 높을 수밖에 없다.

평소에 부지런히 주위 사람들을 살펴보라. 오바마가 시카고 흑인

들에게 관심을 가지고 살펴보듯이. 그러면 뭔가 변화가 이루어진 것을 깨닫게 될 것이다. 그러면 주저없이 달려가서 마음을 표시하라.

"요즈음 건강이 좋아지셨네요."

"요즈음 열심히 일을 하시는군요."

이런 식으로 주위 사람들의 작은 변화에 눈을 돌리면 그들도 자연히 당신에게 호감을 보이고 당신을 신뢰하게 된다.

02

평소에 호감을 사도록 하라

상대의 호감을 사는 데 가장 좋은 방법은 바로 인사하기이다

웃는 얼굴과 밝은 모습으로 이야기하는 오바마의 태도는 모짜르트의 음악처럼 상대에게 호감을 갖게 한다.

아무리 능수능란하게 이치를 따져 다그친다 하더라도 사람은 그것만으로 움직이지 않는다. 그러나 표현에 부족함이 있거나 또렷하게 말하지 못한다 할지라도 자기가 좋아하는 사람의 말에는 그대로 따르는 경우가 적지 않다.

C신문사 경제부에서 10년째 근무하는 김차장과 사회부에서 근무하는 최차장은 서로가 너무나 대조적인 직장인들이다. 김차장은 평소 해박한 경제지식을 바탕으로 능수능란하게 자신의 업무를 처리함에도 불구하고 후배기자들은 그에게 작은 것에서

부터 사사건건 이견을 제시할 때가 많다. 김차장이 후배기자에게 지시하는 업무가 분명히 논리에 맞는 일인데도 불구하고 후배기자는 김차장의 지시를 받기를 무척 꺼린다. 그건 아마도 김차장이 평소에 자신의 기사만 튀게 하려고 하고, 자신만이 유력한 취재원을 독점하려는 욕심을 너무 드러내 후배기자들이 김차장을 껄끄럽게 생각하고 있기 때문이다. 반면에 최차장은 아직도 윗선배기자에게 기사에 대해서 추궁을 당할 때가 있을 정도로 신문사에서 자기 밥그릇을 잘 찾아먹지 못하는 위인으로 소문이 나 있다. 그런데 어찌 된 일인지 최차장이 후배기자에게 같이 취재를 가자고 하면 이상할 정도로 후배기자가 선선히 따라나서곤 했다. 평소 최차장은 후배기자가 부담스러워하는 취재를 대신 나가는 일이 많고, 자신만 앞세우기보다는 후배의 의견에도 귀를 기울여 가급적 후배가 제안하는 일을 잘 처리해 주곤 했다. 최차장은 평소 어눌한 말투로 윗선배들에게 추궁도 자주 받곤 하지만 왠일인지 후배기자들은 이런 최차장을 잘 따르며 자신이 다소 부담스런 취재에도 서뜻 동행해 주곤 한다. 무엇보다도 그를 '형님'처럼 따르는 후배들이 많아 최차장은 기자 생활이 즐겁기만 하다.

인간에게는 이성(합리)적인 면도 없지 않지만, 극히 불합리한(비이성적인 또는 감성적인) 면도 있다.

특히 우리들의 행동은 이성적인 것과 동시에 좋은 감정, 나쁜 감정에 지배되는 경우가 많다.

"무슨 말인지는 알겠지만 그 사람의 말이라면 고려해 볼 것조차 없다."서 한 발자국도 움직이려 하지 않던 사람도 자기가 좋아하는 사람의 말에는 "아. 그래! 자네 말이라면…"하고 간단히 OK해버린다.

전자는 평소에 말하는 사람에 대해 좋은 감정을 갖지 않고 있는 것이며, 후자는 말하는 사람에 대해 호감을 가지고 있는 것이다.

:: 평소에 주위 사람에게 좋은 이미지를 심어주어라

앞서의 사례에서도 알 수 있듯이 평소 그 사람이 어떻게 처신했는지에 따라 화자의 말에 수긍을 잘 하는 사람과 그렇지 못한 사람으로 명확히 구분되곤 한다.

따라서 평소에 자신에게 호감을 가지도록 상대를 자기 편으로 만드는 것이 사회생활에서 성공할 수 있는 지름길이라고 할 수 있다. 그렇다면 평소에 당신을 호감 있는 사람으로 만들어주는 가장 빠른 지름길은 무엇일까?

그건 바로 타인에게 당신의 좋은 이미지를 심어주는 것이다. 상대가 당신에게 호감을 느끼도록 만드는 좋은 이미지에는 어떤 것이 있을까? 타인과의 첫 대면은 한 마디 말, 바로 상대에게 건네는 인사에서 비롯된다. 무엇보다도 평소에 상대의 호감을 사는 데 가장 좋은 방법 중 하나가 바로 인사하기이다. 옷차림이 아무리 후줄근해도, 첫

인상이 별로 안 좋았다고 하더라도 늘 변함없이 먼저 인사를 건네던 사람이라면 우선 그 사람은 인사성 바른 사람, 예의 바른 사람으로 한 수 높은 평가를 받고 시작하게 된다.

상대방이 나를 잘 몰라도 먼저 다가가서 인사를 하는 사람은 그 분야에서 마당발이 될 수 있다. 늘 웃으며 큰소리로 먼저 인사해보자. 그 대상은 이해관계를 떠나서 '모든 사람' 이라고 생각하는 편이 좋다. 말 한 마디에 긍정을 담는 것은 어려운 일이 아니다. '누구에게나 내가 먼저 다가가서 고개를 숙이고 웃으며 큰소리로 인사한다' 는 지론을 갖고 있으면 된다. 처한 상황과 상대방의 지위고하를 막론하고 인사는 평판을 바꿔놓는다.

03

교양 있게 말하라

이야기하면 할수록 매력이 더해지는 사람이야말로
진짜 인간다운 인간이다

일상생활에서 어떤 말을 사용하는가에 따라 그 사람의 교양과 지성이 나타난다. 오바마의 말에는 항상 교양이 있고, 품위가 있었다. 그러기에 그의 말에 세상을 설득할 수 있는 능력이 있었던 것이다.

인간의 매력은 어디서, 어떻게 나타나는 것일까?

겉으로 보기에는 미인이요, 훌륭한 사람처럼 생각되었던 여성이 조금만 길게 이야기해 보면 지성도 교양도 없어 환멸을 느끼게 하는 여성이 있다.

남성도 마찬가지다. 최고급 와이셔츠를 입고, 최고급 시계를 차고, 최고급 외제 승용차를 타고 다닐지라도 그와 5분만 이야기해 보면 먹은 것이 넘어올 정도로 한심한 사람들이 많다.

인간이란 외모는 얼마든지 치장할 수가 있지만, 인격은 치장할 수 없는 것이다.

:: 교양미는 대화의 척도

인간의 매력이란 대화의 매력이라고도 할 수 있다. 대화 중에 그 사람의 진정한 모습이 나타나기 때문이다. 이야기하면 할수록 매력이 더해지는 사람이야말로 '진짜 인간다운 인간' 이다.

직장에서 여사원과 이야기해 보면 금방 알몸이 드러나듯이 참된 그녀의 진가가 나타난다.

교양 없는 말투, 상식에 어긋난 이야기가 튀어나오는 여성에게는 아무리 얼굴이 곱게 생기고, 날씬한 몸매라 하더라도 진정한 '아름다움' 을 느낄 수가 없다. 얼굴은 화장을 통해 다른 사람으로 분장할 수가 있지만, 그 사람이 하는 말은 치장할 수가 없기 때문에 곧장 그 마각을 드러내게 마련이다.

특히 여성일 경우에는 교양 있는 여성들은 '실례합니다' , '죄송하지만…' 하는 말을 자주 사용한다. 그러나 교양을 갖추지 못한 여성들은 어떤 경우에도 그런 말을 사용할 줄 모른다.

우아한 표현을 사용하는 사람은 반드시 우아한 행동을 한다. 그런 언어와 행동으로 그 사람의 매력은 한층 더 배가되는 것이다.

이것은 남자사원의 경우에도 마찬가지다.

용무가 있어 회사를 방문하면 손님의 면전에서 이렇게 연락하는 사원이 있다.

"누가 와서 당신을 찾는데, 어떻게 할까?"

'와서' '찾는데' 라는 말을 사용한다면 그것은 곧 그 사람의 교양 문제인 것이다.

이런 사람일수록 번연히 '노인석' 이라는 푯말이 붙어 있는 좌석에 앉아서 옆에 있는 노인을 못 본 체할 사람이다. 무거운 수레를 끌고 허우적거리며 언덕길을 올라가는 사람을 보고도 밀어줄 생각도 하지 않을 사람이다. 교양 있게 말하고 행동할 때 주위 사람들로부터 호감과 신뢰를 얻게 된다.

:: 매너가 좋은 사람이 말도 잘한다

교양 있는 사람은 매너 좋은 사람이다. 매너가 좋은 사람은 말하는 데 있어서도 상대를 편안하게 해주고, 상대를 존중하는 말투로 겸손하게 자신을 낮출 줄 아는 사람이다. 이처럼 교양 있는 말을 구사하는 사람과 대화를 하고 있으면 상대는 '이 사람 참 괜찮은 사람이구나' 하는 느낌을 갖게 된다. 바로 여기서 교양 있는 사람의 경쟁력이 생기는 것이다.

적어도 상대가 말하는 사람의 어투에서 긍정적인 호감을 보이게 되면 가급적 말하는 사람의 의도를 긍정적으로 해석하려는 경향을 보이게 된다. 듣는 사람이 말하는 사람을 교양 있는 사람으로 인정하게 만들려면 첫째 상대가 귀로 들을 수 있게끔 노력해야 하며, 다음으로 태도와 표정, 눈으로 듣게끔 노력해야 하며, 마지막으로는 말하는 사람의 어조를 듣게끔 노력해야 한다. 여기서 단지 상대가 말하는 사람의 의도를 이해할 수 있을 정도로 말하려면 귀와 태도로 들을 수 있을 정도로 말하면 된다. 하지만 상대가 말하는 사람의 의도를 보다 깊은 호감으로 받아들일 수 있게끔 하기 위해서는 듣는 사람이 맞장구를 치며 상당한 관심을 기울일 수 있을 만큼 깊은 감동으로 상대의 마음에 파고들어야만 한다. 그러기 위해서는 듣는 사람의 자존심을 세워주면서 분위기를 이끌어나갈 수 있는 보다 높은 차원의 진지한 대화가 우선되어야 한다. 이 단계에까지 대화가 무르익어가면 상대방은 당신을 '함께 이야기할 수 있는 사람' 으로 인정하게 될 것이다.

:: 나이들수록 원숙하게 빛나는 교양미

교양미는 나이가 들수록 더욱 빛나는 것이다. 평소 온화한 인품과 폭넓은 지식을 쌓아 원숙한 아름다움이 우러나오는 사람은 겉모습이 아닌 내면에서 한층 더 빛나는 아름다움을 풍긴다. 교양미가 넘치는 사람은 우아하고 부드러운 자신만의 맵시가 풍겨져 나온다. 교양미는 차림새와는 별개의 문제로 마음이 넉넉하고 성품이 여유롭다는 의미다. 옷차림이나 외모는 직업이나 지위에 맞게 어느 정도 격식을 차려 입는 정도면 된다. 옷이나 장신구에 관심이 많은 사람이라면 그러한 것으로 조금 더 개성을 어필하는 방법도 나쁘지 않다.

나이가 들수록 나이에 맞는 처신을 하고, 사회적인 지위에 맞는 책임을 질 줄 아는 것이 바로 '교양' 이다.

교양 있게 말하는 사람에게선 청초한 꽃잎 같은 기품과 향기가 배어나온다. 교양 있게 말하는 사람들은 말 한 마디를 하더라도 그만의 독특하고 우아한 분위기와 고유의 느낌이 말하는 가운데 진하게 묻어나온다. 이런 사람의 말은 왠지 가볍게 대꾸하기보다는 하나라도 더 깊이 있게 생각해서 대응해야 할 것 같은 진지한 대화의 필요성을 느끼게 된다. 따라서 같은 말이라도 좀 더 생각하고 고민하게 되면서 말하는 사람과 듣는 사람 모두에게 진지하고 깊이 있는 대화가 될 수 있게 된다. 교양 있게 말하는 사람에게선 말로 표현할 수 없는 분위기와 고유의 느낌이 그대로 전해져 와 듣는 이가 스스럼 없이 다가가도 좋을 만큼 넉넉한 대화의 분위기를 자아낸다. 와인처럼 오래도록 인생의 맛이 숙성된 사람이 하는 말은 언제 어디서나 누구에게나 환영받는다. 효과적인 대화의 성과를 올리기 위해서는 말할 때 지적이고 우아한 이미지로 상대에게 다가서는 것이 중요하다. 그 이미지가 대화에도 긍정적인 영향을 줄 것이다.

04

미소로 상대에게 호감을 보여라

기분 좋게 웃음 짓는 사람의 환한 얼굴은 열 마디의
말보다 훨씬 큰 효과가 있다

미소는 곧 호의의 표시이다. 얼굴에 미소가 가득한 얼굴을 대하면 편한 마음을 갖게 되는 것이 인간이다.

인간이란 모르는 사람과 만날 때, 어떤 불안감 같은 것을 느끼게 되는 법이다. 개나 고양이도 그렇다. 모르는 고양이끼리는 등을 구부리고 경계하면서 조심스럽게 접근한다. 그러다가 어느 사이에 서로 친구가 되는 것이다.

사람 사이에서 이러한 불안감을 해소시켜주는 것은 만나자마자 미소로 나타내는 말없는 환영이다. 미소는 호의의 표현이기 때문이다. '당신과 만나게 되어 반갑습니다.' 또는 '당신과 이야기하게 되어 기쁩니다.' 라는 것을 의미한다.

상대가 나에게 호감을 느끼게 하는데 웃음만큼 효과적인 방법도 드물다. 특히 비즈니스 현장이나 직장생활에서 적절하게 웃음을 활용하면 예상치도 않았던 놀라운 결과를 낳게 된다.

가령 처음 보는 사람과 비즈니스 관계로 마주보고 회의를 하게 된다거나, 중대한 PT가 걸린 사안을 놓고 미팅을 갖게 되었을 때에 너무나 진지한 나머지 초긴장 상태로 아이디어가 제대로 떠오르지 않을 때 누군가 웃기는 이야기로 순식간에 좌중을 웃음바다로 만들고 나면 긴장이 확 풀리면서 비로소 창의적인 제안이 샘솟듯 나올 때가 있다. 이때는 없었던 친밀감마저 생겨나 그야말로 일석삼조의 놀라운 효과를 얻게 된다. 그밖에도 친구와 서먹한 사이였다든가 애인과 사소한 다툼으로 말도 안 하던 어색한 분위기일 때 갑자기 어느 한 쪽에서 웃음을 터트리고 나면 그걸로 모든 게 상황종료되고 만다. 때로는 대단히 심각한 문제로 화를 내야 할 상황에서 누가 먼저랄 것도 없이 웃어버리면 언제 그랬냐는 듯이 심각한 상황이 부드럽게 해소되곤 한다.

:: 미소는 좋은 대화로 이끄는 지름길

분위기가 화기애애한 가운데 대화를 하기 위해서는 무엇보다 웃는 낯으로 상대에게 먼저 다가서는 것이 최선책이다. 웃는 얼굴에 침 못 뱉는다고 했던가. 기분 좋게 웃음 짓는 사람의 환한 얼굴은 열 마디의 말보다 훨씬 큰 효과가 있다. 상대에게 미소로 다가서며 친근하게 몇 마디 얘기를 나누다 보면 상대방은 우선 편안한 마음을 갖게 되고 자신이 먼저 마음을 열고 말하는 사람의 의도를 파악하고자 한발 다가

서게 된다. 미소와 따스함으로 서로에게 진지하게 다가간 상황의 대화는 대화의 분위기도 좋고 두 사람도 더욱 친근한 관계로 발전하게 된다.

미소가 생활화 된 사람은 인생을 대하는 자세도 긍정적이다. 긍정적으로 사는 사람들은 삶의 태도도 긍정적인 경우가 많다. 긍정적인 마인드가 웃는 얼굴로 표현되고, 웃는 얼굴은 다시 긍정적인 마인드를 만들어 기분좋은 선순환이 이루어지게 한다. 행복해서 웃는 게 아니라, 웃다 보니 행복해지는 것이다.

미국 LA에 사는 한스는 불행하게도 보기 흉한 얼굴로 태어났다. 어른이 되어서도 그 얼굴은 변하지 않았다.

그는 남들이 자기의 얼굴을 볼 때마다 불쾌감을 감추지 못하고 고개를 돌려버리는 모습에서 얼마나 가슴 저미는 슬픔을 느꼈던가? '신은 왜 나의 얼굴을 이렇게 만들었는가? 하고 얼마나 탄식했던가?

슬프게도 그는 자기 얼굴과의 쓰라린 싸움으로 일생을 보냈다. 그는 죽기 직전 한통의 유서를 남겼다.

'나의 생애에서 단 한 번 나에게 따뜻한 미소를 보내준 페티에게 나의 유산 전부를 남긴다.'

인간은 누구나 어두운 것을 싫어한다. 인간은 본능적으로 어두운 것에는 혐오감을 느끼기 때문이나. 이 세상의 슬픔을 자기 혼자 짊어지고 있는 듯한 얼굴을 보면 주위 사람들까지 슬퍼진다. 값비싼 액세서리를 달고, 유행의 첨단을 걷는 옷을 입었더라도 어두운 얼굴에는 호감을 느낄 수가 없다. 비록 누더기를 걸쳤다 하더라도 미소 어린 사람은 주위 사람들까지 즐겁게 한다.

"미소요? 그게 뭐 그렇게 대단한 것입니까?" 하고 간단하게 말하는 사람이 있다. 그리고는 얼굴의 근육을 움직여 보인다. 그러나 그런 표정은 마음속으로부터 우러나는 미소가 아니다. 미소란 상대에게 호감을 가지고 있다는 마음의 표현인 것이다.

사물을 보거나 사람을 볼 때, 부정적인 면만을 보는 사람이 있다. 그래서는 참다운 밝음이 생겨날 수 없다.

햇빛이 비치는 곳에서 보면 밝지만, 반대편에서 보면 어두울 수밖에 없는 것이다. 당신은 어느 편에서 보고 있는가?

"나는 유쾌하지 못하므로 표정이 어둡습니다."라고 말하는 사람도 있다. 이것은 분명한 사실이다. 그러나 세상은 당신 혼자서 살아가는 것이 아니다. 당신이 유쾌하지 못한다 해서 주위 사람들까지 유쾌하지 못하게 만들 권리는 없는 것이다.

"슬프기 때문에 우는 것이 아니라 울기 때문에 슬픈 것이다."라는 미국의 심리학자 윌리엄 제임스의 말을 생각해보자.

처음 짓는 미소는 가면일지 모른다. 그러나 이것은 마침내 실체가 된다. 호의를 완벽하게 나타내는 것은 당신의 넘쳐흐르는 미소임을 잊지 말라.

05

비호감을 호감으로 바꾸는 방법을 터득하라

**상대에게 좋은 인상을 주기 위해서는 상대방을 진심으로
좋아해야 한다**

누구를 설득하던 먼저 그 사람으로부터 호감을 얻어야 한다. 누구나 처음 만나는 사람에게는 경계심을 갖게 된다. 경계심을 없애고 친근감을 느끼게 하기 위해서는 좋은 인상을 심어주는 것이 가장 효과적인 방법이다.

좋은 인상을 심어주는 방법으로 우선 깔끔한 외모를 들지 않을 수 없다. 세일즈맨들이 고객을 만날 때 정장을 깔끔하게 차려입고 나가는 것도 그런 이유에서일 것이 다.

다음으로 상대에게 좋은 인상을 주기 위해서는 상대방을 진심으로 좋아해야 한다.

:: 말 잘하는 사람은 상대가 좋아할만한 화제로 대화한다

사람은 누구나 남의 일보다 지신의 일에 훨씬 더 관심이 많다. 그

래서 사람들은 누군가와 대화를 나누면서 자기 중심적으로 이야기를 끌어나가고 싶어한다. 이처럼 인간의 본능이 자기중심적이기 때문에 오히려 대화에서 상대의 호감을 얻으려면 자신보다 상대의 입장에서 대화를 나누면 상대가 나에게 호의를 느끼게 된다.

말 잘하는 사람은 절대로 자기가 좋아하는 화제를 먼저 꺼내서 말하지 않는다. 그보다는 상대방이 좋아하는 내용으로 이야기를 전개한다. 우리가 인간적으로 상대에게 호감을 느끼게 되는 경우도 내 능력을 인정해 준다거나 사소한 내 고민을 같이 걱정해 준다거나 할 때 상대에게 호감을 느끼게 되어 있다.

상대에게 호감을 사는 대화를 하기 위해서는 첫 대면에서부터 상대의 얘기를 충분히 들어주고 상대가 하고 싶은 말을 충분히 하도록 배려하라. 그러면 머지않아 상대도 당신의 대화에 호의적으로 응해 올 것이다.

이런 대화가 처음부터 익숙한 것은 아니다. 평소에 이런 대화를 잘 해보지 않았다면 분명히 어렵고 부담스런 대화임에 틀림이 없다. 그렇다 할지라도 자꾸 연습을 하면서 상대에게 호감이 가는 대화법을 하루 빨리 익힐 필요가 있다. 그래야만 당신의 대화가 점점 더 발전할 수 있고, 그러는 가운데 정말로 당신이 하고 싶은 말을 했을 때 상대가 호의적으로 공감할 수 있을 것이다.

자동차가 아무리 좋아도 도로 위를 굴러가야만 가치가 있듯이, 나의 좋은 뜻을 상대방이 전혀 이해하지 못한다면 쓸모 없는 혼잣말에 불과한 것이다. 이제부터 상대방이 무슨 말을 하든 당사자를 편안한 기분이 들게 한다는 생각으로 마주 앉아보라. 그것은 첫인상에서부터 호감을 주게 된다. 듣는 이의 정성에 따라서 그 호감은 신뢰감으로, 더 나아가 의존심으로까지 발전하게 될 것이다.

많은 사람들 중에 늘 밝고 활기찬 표정으로 사람들을 즐겁게 하는 사람이 있는가 하면 자신도 모르게 늘 어두운 표정으로 상대방의 기분을 나쁘게 하는 사람이 있다. 표정이 밝은 사람은 대체적으로 성격도 밝고 적극적인 경우가 많다. 누구나 밝고 건강한 이미지를 지닌 사람을 좋아한다.

사람은 저마다 자신만의 분위기를 만든다. 분위기는 첫인상과 함께 그 사람에게 느낄 수 있는 이미지를 결정하는 요소라고 할 수 있다.

오바마는 밝고 활기찬 모습으로 좋은 분위기를 연출하여 경선 첫 무대를 성공적으로 이끌어 당원들의 열렬한 환호를 받았다.

4

상대를 내 편으로 만드는
호감의 대화

01

상대가 말을 시작할 때 주의를 기울여라

성공적인 경청을 위해서는 대화가 시작되기 전에 미리
주의를 집중하라

독일 작가 미카엘 엔더의 베스트셀러 소설 《모모》는 지구인들의
행복을 빼앗아가는 시간 도둑인 회색 신사에 맞서 지구의 행복을 지
키려는 모모와 호라 박사, 카시오페이아 거북의 끊임없는 모험과 상
상의 세계를 그린 어른을 위한 동화이다. 이 소설의 주인공 모모는
낡아빠진 헐렁한 셔츠를 입고 까만 고수머리를 까딱이며 사람들이
무슨 말을 하든지 끝까지 잘 들어주는 탁월한 재능을 지닌 현자(賢
者) 꼬마로 묘사된다.

우리가 일상생활에서 대화를 나누며 상대의 말을 주의깊게 들어줄
줄 아는 사람은 그리 흔치가 않다. 그만큼 상대방의 말을 참을성 있
게 잘 들어준다는 것은 대화에 있어서 중요한 덕목 중의 하나가 아닐
수 없다.

:: 상대의 처음 몇 마디를 잘 들어라

성공적인 경청을 위해서는 대화가 시작되기 전에 미리 주의를 집중하라. 처음 몇 마디도 결코 놓쳐서는 안 된다. 메시지를 부분적으로 듣지 말고 전체적으로 들어야 한다. 나무가 아닌 숲을 보아야 한다는 것이다.

고객의 말하는 바를 제대로 듣지 않아 고객이 큰 피해를 보는 경우가 종종 있다.

자고로 한국말은 끝까지 들어봐야 그 뜻을 알 수 있다고 했다. 어느 날 가전제품 AS센터에 한 초로의 신사가 산 지 며칠 안 된 신제품 마이크로 컴포넌트를 들고 왔다. 마침 접수처 여직원은 입사한 지 얼마 안 된 신입직원이라 나이 지긋한 신사가 한 손에 컴포넌트를 들고 자신에게 다가오자 지레 겁부터 먹었다. 그래서 신사를 보자마자 한다는 말이 "손님, 그 제품은 구입하신 지 며칠 안 된 것 같은데 벌써 고장이 나셨나보죠."하면서 은근히 겁먹은 표정으로 고객의 불편한 심사부터 달래려고 했다. 그러자 이 신사는 "아니, 그게 아니라 내가 원체 눈이 침침해서 기계 조작을 할 수가 없어."라며 낙담한 표정을 지었다. 이에 접수처 여직원은 "그래도 그 제품은 산 지 얼마 안 된 제품이라 사신 곳에서 교환을 받아야 되는데요."하며 구입처로 가볼 것을 권했다. 그러자 그 신사는 "그게 아니라 리모콘을 좀 큰 것으로 교환했으면 하는데, 어떻게 안 되겠나." 하고 묻는 것이 아닌가. 그제 서야 여직원은 신사가 교환하려는 물품이 컴포넌트가 아니라 컴포넌트를 조작하는 리모컨이었음을 알고 AS센터에 있는 큰 화면의 리모컨을 신사에게 무상으로 교환해 주었다. 고객의 요구를 끝까지 잘 듣고 고객이 원하는 물건으로 잘 교환해 준 경청의 좋은 사례가 아닐 수 없다.

상대의 말을 경청하려면 상대가 말하기 시작할 때 주의를 기울이면 안 된다. 이미 그 전에 주의를 집중하고 있어야 한다. 다시 말해 고객의 전화를 받을 때는 벨이 울리는 순간 이미 들을 준비가 되어 있어야 한다는 것이다. 다른 곳에 신경을 쓰면서 건성으로 수화기를 들면 성공적인 대화가 불가능하다.

고객의 전화를 받기 전부터 고객에게 집중하라.

:: 좋은 대화는 화자와 청자의 적당한 시선교환이 중요하다

무엇보다도 말하는 사람은 상대에게 처음 말을 건넬 때 무슨 말부터 해야 할지 몰라 상대의 눈길을 피하는 경우가 많다. 그만큼 말하는 사람은 상대를 어렵고 부담스럽게 생각한다는 의미이다. 따라서 자연스럽게 대화를 하려면 듣는 사람과 말하는 사람이 서로 적당한 위치에서 시선을 마주보는 태도가 필요하다. 또한 듣는 사람은 말하려는 사람이 첫 말을 뗀 순간부터 그가 무슨 밀을 하는지를 주의 깊게 살펴서 들을 필요가 있다. 또한 말하려는 사람도 상대가 자신을 호의적으로 바라본다는 것을 알아차리고 상대에게 부담을 갖지 말고 자신 있게 하고 싶은 말을 하도록 하자.

영등포 세무서 창구에서 생긴 일이다. 어느날 세무서 안으로 거대한 체구의 사내가 얼굴 가득 화난 표정을 지으며 접수 창구로 들어섰다. 창구 담당자인 젊은 직원은 '이 사람이 나에게 큰 소리로 호통 칠 지도 모른다'는 생각에 그 사람의 시선을 피하기에 급급했다. 금방이라도 호통을 칠 것 같던 그 남자는 의외로 모기만한 목소리로 창구 직원에게 "나 원참, 젊은이, 세금이 이렇게 많이 나오니 내 살 수가 있어야 말이지." 하며 하소연을 하는 게 아닌가.

그래도 젊은 창구 직원은 큰 체구의 아저씨가 몹시 부담스러워 역시 모기만한 조그만 목소리로 "아, 그러세요. 그런데 어떡하죠. 제가 세금을 부가하는 사람이 아니라서…" 하고 대답했다. 그 순간 그 남자는 세무서가 떠나갈 듯이 큰 소리로 "지금 뭐라고 하는 거야. 자기가 담당자가 아니라는 거야 뭐야!" 하며 큰소리로 고함을 쳤다.

그때까지 두 사람의 대화를 듣고 있던 노련한 창구 선임직원이 곤혹스러운 표정을 지으며 사내에게 다가와 "선생님 말씀이 맞습니다. 저도 국가에 세금을 내고 있지만 이건 원 웬만큼 내야

말이죠. 조금만 더 세금을 내려주면 저희도 먹고살기가 그렇게 팍팍하지만은 않을 텐데 말입니다." 하고 이해를 구하는 낯으로 웃으며 사내에게 말을 건넸다. 그러고는 곧이어 "그런데, 선생님께서는 무슨 일로 이 창구로 오셨습니까?" 하고 정중하게 묻자 그때까지 화를 참지 못해 씩씩거리던 사내도 "아, 뭐 하러 왔긴. 세금 내러 왔죠." 하고 순순히 대답하는 것이 아닌가. 이에 노련한 직원은 그 사내의 업무를 신속하게 처리해 사내가 정상적으로 일을 보고 가도록 유도했다.

두 담당자의 접근법 차이는 상대방에 대한 '관찰력'의 차이다. 젊은 담당자는 지레 겁을 먹고 상대방을 제대로 보지 못했지만 노련한 담당자는 제대로 관찰해서 민원인의 윗저고리 주머니에 서류와 만 원짜리 지폐가 들어있는 것을 확인한 순간 '세금 내러 왔다'는 것을 알고 그에 적절하게 대응했던 것이다. 상대방과 이야기하기 전에 상대방을 잘 보고 관찰하는 것을 잊지 말아야 한다.

02

상대의 수준에 나를 맞춰라

"대화는 마음의 보다 즐거운 향연이다."

호메로스가 한 말이다. 대화는 즐거운 것이며, 즐겁게 해야 한다는 뜻이다. 즐겁게 대화를 할 때 상대를 설득하기도 쉬운 것이다.

그러면 어떻게 해야 즐겁게 대화를 할 수 있을까?

대화를 즐겁게 하기 위해서는 공통된 관심사를 찾는 노력을 통해 상대방의 수준에 맞춰야 한다. 상대의 마음을 사로잡아 설득시키기 위해서는 "저 사람은 나와 통하는 게 있어."라는 느낌을 주는 게 중요하다. 동질감만큼 상대의 닫힌 마음을 여는 수단은 없다. 그러나 말이 쉽지 동질감을 상대방에게 주는 것은 어려운 일이다. 우리가 만나는 사람은 저마다 고유의 개성을 지니고 있기 때문이다. 아침에 만났던 사람이 트로트 뽕짝을 좋아했다면, 저녁에 만난 사람은 차이코

프스키, 라흐마니노프를 즐길 수도 있다. 그만큼 관심사는 개인 간의 격차가 크다.

세일즈맨들이 현장에서 가장 크게 느끼는 고충이 바로 이점이다. 수많은 사람을 상대해야 하는 세일즈맨들은 매번 새로운 레퍼토리와 분위기로 사람들을 만나야 한다. 어쩔 때는 너무나 다양하게 변하는 자신의 모습에 '나'라는 정체성이 혼란스럽기까지 할 정도라고 한다. 자신의 직업에 대한 회의를 느끼는 세일즈맨이 많은 것이다.

그러나 "거짓된 가면을 쓰고 상대를 대하는 것은 아닐까?" 하는 부정적인 생각은 버려야 한다. 오늘날 축구에서 한 선수가 어느 포지션을 맡아도 충분히 소화할 수 있는 능력을 가져야 하는 것과 같은 이치이다. 박지성 선수는 스트라이커부터 수비수까지 모든 포지션을 소화할 수 있는 능력을 지녔다. 즉 어느 위치에 갔다 놔도 자신의 능력을 십분 발휘할 수 있다는 것이다.

이와 같은 능력을 위해서는 무엇보다 다양한 삶의 방식을 이해하고 관심을 가지는 자세가 필요하다. 그러므로 많은 노력과 경험은 필수적이다. 서울 한복판에서 만난 넥타이맨에게 요즘 농사가 어떻고 작황이 어떤지 이야기할 수는 없다. 시골 한복판에서 만난 농부에게 코스닥이 어떻고 다우존스 지수가 어떤지 말할 수는 없잖은가.

폭을 넓혀야 한다. 상황에 맞고 자리에 어울리는 대화를 하는 것은 속 없고 뼈 없는 짓이란 생각을 버려라. 그것은 상대방을 위한 당신의 마음가짐일 뿐이다. 긍정적으로 생각해야 한다. 상대를 만나면 당신의 관심사보다는 상대가 어떤 것에 관심을 가지는지에 주목하라. 그것이 상대를 설득하여 자신의 목적을 이루는 가장 효과적인 방법이다.

들는 사람이 자신의 용어로 느낄 수 있게끔 말하는 설득의 기술을 요약하면 다음과 같다.

첫째, 전문용어는 가급적 사용하지 않으며, 누구나 이해할 수 있는 말로 한다.

둘째, 어떤 대화에서나 가급적 어려운 말이나 외래어를 사용하지 않는다.

:: 말하는 데는 반드시 듣는 사람이 있다

대화에서 가장 중요한 것은 무엇일까? 그건 바로 말하고자 하는 의도를 상대가 제대로 이해하도록 말하는 것이다. 그러기 위해서는 기본적으로 상대에게 맞춘 말하기가 필수적이다. 말하는 사람은 그 말을 들어주는 상대가 없다면 굳이 애써서 자신의 주장을 피력할 이유가 없다. 말을 들어주는 상대방이 있기 때문에 말을 하는 내가 존재하는 것이다. 나 또한 상대방의 말을 들어주어야 한다. 즉, 말하는 데 있어서 상대방을 서로 존중하고 배려해야만 말이 말로써 가치를 지니는 것이다.

"말하는 데는 반드시 듣는 사람이 있다."는 말하기의 기본을 항상 염두에 두고 말하라. 너무나 당연한 이 사실을 외면하고 그저 자기 말에만 도취되어 있는 사람은 정말로 말을 잘 못하는 사람일 수밖에 없다.

무역회사의 한 과장이 바이어와 상담이 길어져 예정보다 늦은 7시 30분경에 회사로 돌아왔다. 직원들이 다 퇴근할 시간이라 사무실에 아무도 없을 거라고 예상하고 사무실로 들어갔는데 경리직원이 그 시간까지 남아 있었다.

여직원이 밖에서 돌아오는 과장에게 "과장님, 수고하셨습니다."라고 인사를 건네자 과장은 무심코 "아직 안 갔어? 지금이 몇신데?" 하고 대꾸했다. 그러자 그때까지도 미소를 띠며 생글거리던 여직원은 '아직도 사무실에 남아 있어서 죄송합니다' 는 투로 "이제 막 나가려던 참이었어요. 실례 많았습니다." 며 그간의 미소는 온데간데없이 사라지고 토라진 표정을 지으며 획 사무실을 나가버렸다. 과장은 여직원의 돌변한 태도에 무슨 영문인지를 몰라 한참을 여직원의 뒤를 쳐다보다가 한 마디 했다. "제가 나한테 왜 저러지. 늦게까지 남아 있어서 수고한다고 한 말인데…… 도대체 요즘 젊은 친구들은 무슨 생각으로 직장을 다니는지 모르겠어. 에이 기분 잡쳤네!" 라며 아무도 없는 사무실에서 홀로 상한 기분을 달래고 있었다.

사람들은 대개 자신의 의도가 언제나 상대에게 제대로 전달됐으리라고 생각하고 상대의 반응과는 무관하게 자신의 생각만 한다. 하지만 말한 사람의 의도를 어떻게 받아들일지는 듣는 사람이 생각하기 나름인 것이다.

앞서의 사례에서 과장이 여직원에게 고맙고 대견한 마음이 들어 한 말인 "아직 안 갔어?"를 여직원은 '왜 아직까지 가지도 않고 뭐한 거야'라는 핀잔으로 받아들였다. 만약 이 경우에 과장이 여직원을 배려해서 "아니 아직까지도 일하고 있었어."라든가 "아직도 나를 기다린거야. 이거 참 영광인걸." 하는 정도로 여직원에게 말했더라면 여직원은 과장의 배려에 고마워하며 "과장님, 너무 수고가 많으셨어요. 따뜻한 차라도 한잔 드릴께요."하고 화기애애한 분위기가 서로 간에 오갔을 것이다. 이처럼 듣는 사람의 반응을 예상하면서 조금이라도 배려가 담긴 말을 한다면 상대도 말하는 사람을 존중하면서 서로간의 긍정적인 대화가 오갈 수 있었을 것이다. 이처럼 듣는 사람을 존중하면서 자신의 생각이 그대로 전해지도록 말하는 사람이 바로 말을 잘하는 사람이다.

03

상대의 말에 맞장구를 쳐줘라

> 말하는 사람의 의도를 더욱 빛나게 하는 것은 바로 듣는
> 사람의 적극적인 자세에 있다

'손뼉도 마주쳐야 소리가 난다' 라는 속담이 있다. 좋은 대화는 이렇게 서로 주거니 받거니 하면서 소리를 내야 하는 것이다. 어쩌면 좋은 대화는 잘 말하고 잘 대응하는 동전의 양면과도 같은 것이다. 말하는 사람이 열과 성의를 다해서 열변을 토하고 있는데 듣는 사람은 성의 없이 먼산이나 쳐다보고 있다면 그 대화는 보나마나 형식적인 대화에 그치고 말 것이다. 대화에서는 이처럼 상대의 의도를 적극적으로 이끌어내기 위해서 맞장구가 필요하다. 맞장구를 칠 때는 화자의 문제를 캐묻겠다는 식의 질문이 아니라 화자의 말에 힘을 실어주는 리듬감 섞인 어구가 좋다. 다시 말해서 화자가 말하는 바를 더잘 말할 수 있도록 중간 중간에 "아, 그렇군요", "그래서요", "왜 그렇죠?" 따위의 일종의 추임새와 같은 밀들을 덧붙여주는 것이다. 우

리의 전통 민속극인 판소리는 소리꾼과 장단 맞추는 장구 치는 사람이 한 조가 돼 공연을 한다. 여기에 관객들의 신명난 어깨춤이 어우러져 혼자가 아닌, 고수와 관객이 서로에게 주거니 받거니 영향을 주면서 5시간이고 10시간이고 공연을 이끌어가는 것이다. 마찬가지로 말하는 사람의 의도를 더욱 빛나게 하는 이는 바로 듣는 사람의 적극적인 자세에 있다. 좋은 청자는 귀나 몸만이 아니라 입까지 사용한다는 점을 잊지 말자.

:: 다양한 상황에서 맞장구 치는 방법

말하는 사람이 더욱 흥이 나서 말에 신바람을 불어넣을 수 있는 맞장구에는 동의를 표하는 맞장구와 유도하는 맞장구, 의문을 나타내는 맞장구, 격려의 맞장구, 감탄의 맞장구 등이 있다.

먼저 동의를 표하는 맞장구에는 "그렇지.", "물론이지", "그래, 맞아." 같은 표현을 써 상대방이 더욱 힘을 받아 이야기를 계속 하게 한다.

유도하는 맞장구에는 상대가 이야기를 할 때 상대에게 바짝 다가가서 "그래서", "그리고 어떻게 됐어?" 같은 표현을 써 말하는 사람이 본격적으로 이야기의 핵심으로 다가설 수 있게 한다.

의문을 나타내는 맞장구는 말하는 사람의 의견이 다소 모호하거나 이해하기 어려울 때 "정말", "어째서", "그럴까" 같은 표현으로 말하는 사람의 의견을 다시 한번 환기시키는 역할을 한다. 그러면 화자는 자기가 한 말을 돌이켜보고 좀 더 다른 방향에서 이야기를 진행시키게 된다.

격려를 표하는 맞장구는 말하는 사람이 의기소침하게 말할 때 "그렇게 될 거야.", "맞아 너니까 그렇게 했겠지.", "잘될 것 같은데 왜" 같은 표현으로 상대의 말에 격려를 해주는 것이다. 이러면 상대는 자신의 속사정까지 털어놓으며 좀 더 마음을 열고 말할 수 있게 된다.

감탄을 표하는 맞장구는 "정말 잘됐다.", "놀랐어." 같은 표현으로 상대가 자신이 자랑하고 싶은 일을 얼핏 비출 때 적극적으로 대응해 주어 화자의 기분을 한층 좋게 만들어주는 표현방법이다.

:: 맞장구는 상대의 인격을 존중하는 행위

설득하는 데 있어서 가장 중요한 일은 당신의 의사를 전달하여 상대의 동의를 얻는 것이다. 하지만 그에 못지않게 중요한 것은 상대로부터 정보를 얻는 것이며, 상대로부터 더 많은 정보를 얻는 것이 설득의 능력이라고 할 수 있다. 따라서 설득을 할 때 상대가 계속해서 자신의 정보를 당신의 의도대로 털어놓을 수 있도록 협력해야 한다. 다시 말해 상대가 말을 잘 할 수 있도록 맞장구를 치라는 것이다.

'뛰는 말에 채찍질을 하라.' 는 속담처럼 상대가 자신의 속마음을 보일 수 있도록 격려하면, 격려를 받은 상대는 당신의 배려에 감사하여 자신이 하고 싶은 말을 차분히 조리 있게 다 털어놓을 것이다.

그러나 이때 당신이 조심해야 할 것은 상내와 호흡을 맞추는 동류

의식을 갖는 일이다. 따라서 어조도 상대와 맞추어 조절해야 하고, 언어의 질이나 내용도 상대와 잘 조화를 이룰 수 있는 수준으로 맞추어야 한다.

방송에서 유명한 MC들은 대화 상대에 따라 순간적으로 판단하여 그 사람의 수준에 맞는 질문과 응수를 한다. 그 출연자가 무엇을 말하고자 하는가를 재빨리 감지하여 끝말을 맞받아서 계속 말을 하도록 한다.

맞장구는 짧을수록 좋다.

소포클레스는 맞장구에 대해서 이렇게 말했다.

"짧은 말에 더 많은 지혜가 담겨 있다."

맞장구란 한 마디 말로서 백 마디 이상의 효과를 얻을 수 있는 신비한 언어이다. 적절한 응대는 대화를 풍부하게 이끌고 더 나아가서 인간적인 유대를 돈독하게 하고, 서로의 인격을 존중하고 있음을 느끼게 한다.

그러므로 서로의 인격을 존중하고 있다는 것을 느끼게 되면, 서로의 의식에 공감대가 형성되고 꺼리던 상대와도 허심탄회하게 대화를 할 수 있게 된다.

법률상담소에 한 부인이 찾아왔다. 40대 초반으로 보이는 그녀는 화려하게 옷을 입고, 들고 있는 가방이나 신고 있는 구두도 모두 명품이다. 사무실을 돌아보는 그녀의 태도는 오만하기 짝

이 없었다. 역시 40대로 보이는 여 소장 앞으로 가더니 선체로 말한다.

"소장님도 40이 넘으셨지요?"

그러자 소장은 재빨리 "아니, 그럼 부인도 40이 넘으셨단 말이에요? 어머나, 그보다 훨씬 아래로 보이는데요." 하고 말했다.

소장의 맞장구 한 마디에 그녀의 오만은 언제 그랬냐는 듯이 사라지고 겸손한 목소리로 말했다.

"요사이 젊은 여성들이 뭐 많이 안다고 인생 상담을 한답시고 거만하게 굴어서 찾기를 망설였어요." 하고 말하면서 자신의 고민을 솔직하게 말하는 것이었다.

이처럼 상대의 끝말을 되받아치는 맞장구는 상대의 마음을 움직이게 한다.

듣는 사람은 우선 말하는 사람의 말을 긍정적으로 받아들이는 자세가 필요하다. 또한 듣는 사람은 말하는 사람의 말투에 호응해 적극적으로 대응헤 줄 필요가 있다. 말하는 사람의 말에 아무런 대꾸없이 무조건 귀 기울인다고 해서 좋은 대화가 오갈 리 만무하다. 말하는 사람의 의도에 무덤덤하게 아무런 대꾸도 하지 않는다는 것은 대화에 마침표를 찍는 일이 될 수도 있다.

그러므로 듣는 사람은 어떤 특정한 상황에서 '아하' 라든가, '어이구' 등의 리듬감을 심어주어야만 한다. 그러면 화자는 분위기가 고

조되어 상대방에게 말해 주고 싶지 않았던 내용까지도 죄다 쏟아놓게 된다.

만일 당신이 그 사람에 대해서, 혹은 현재 추진하고 있는 어떤 일에 대해서 알고 싶은 것이 있다면, 그 상승 곡선이 떨어질 즈음 기름을 살짝 부으면 된다.

"그랬군요, 그런데 그건 어떻게 되어 가고 있는 거죠?"

"아니, 저로서는 이런 방법이 낫다고 생각했는데……."

이런 표현과 표정이 상대방의 목소리에 힘을 실어준다. 듣기는 상대방에게 자신이 스스로 편안한 약자가 되었다고 인정하게 만드는 가장 효과적인 대화법이다.

04

상대에게 충분히 말할 시간을 줘라

당신의 의견을 관철시키기 위해서는 상대방에게 충분히
말할 시간을 주어야 한다

사람들은 안하무인인 사람보다는 매사에 겸손한 태도를 보이는 사
람들에게 호의를 보인다. 오바마는 비굴하지 않으면서도 겸손한 자
세로 사람들을 대하여 사람들의 호감을 얻었다.

상대를 설득한답시고 시종일관 자기 말만 하는 사람이 있다. 상품
을 파는 세일즈맨 혹은 홍보 담당자들 대부분이 이런 식의 대화를 고
집한다. 그러나 그런 말은 효과를 거두기 힘들다.

어느날 학교 친구와 싸우고 돌아온 아들에게 흥분한 어머니는
이렇게 야단을 친다.
"내가 그렇게 싸우지 말라고 했는데 왜 또 싸웠니? 왜 그랬어.
말 좀 해봐."

그러고는 아이에게 정작 항변할 기회는 주지 않고 속사포처럼 자신이 그 일 때문에 상대편 아이의 엄마로부터 얼마나 질책을 당했는지 한탄을 한다.

"아이고, 내가 못살아. 어쩌자고 너는 엄마 말은 들은 척도 안 하니? 말 좀 해보라니까. 할 말이 없을 테지. 무슨 할 말이 있겠니?"

이런 식이다. 아이로서는 속이 터질 노릇이다. 왜 말을 하라고 하면서 정작 말할 기회를 주지 않는 것일까. 어쩌면 아이는 상대편 아이가 엄마를 욕하는 소리에 분노하여 멱살을 잡고 늘어졌을지도 모르는 일인데 말이다.

말할 기회를 주는 것. 이 가장 단순한 이치를 사람들은 알면서도 실천하지 않는다. 이 때문에 가장 가까운 어머니와 아들 사이에도 말하기 힘든 거리가 생기게 되는 것이다.

먼저 상대가 말할 수 있는 시간을 주어야 한다.

당신의 의견을 관철시키기 위해서는 우선 상대방에게 충분히 말할 시간을 주어야 한다. 상대의 의견에 반박하고 싶더라도 우선 참는다. 말이 끝나기도 전에 이야기를 중단시킨다면 불쾌감이 더해져 대화는 더욱 어려워진다. 상대에게 자기 자랑을 많이 하게 함으로써 대화를 자기에게 유리하도록 전개시켜 보라.

얼마 전 뉴욕에 있는 모 자동차 판매회사에서 직원을 모집할 때, 모 대학을 졸업생 한 아가씨는 그 회사의 사업에 대한 상세한 자료를 수집해서 면접에 대비하였다.

그녀는 면접 때 직접 사장에게 "이런 훌륭한 업적을 낳은 회사에서 일할 수 있다면 영광이겠습니다. 어떻게 이런 기적을 창출하셨습니까?"라고 말했다. 성공한 사람들은 대개 자신의 성공담을 이야기하고 싶어 한다. 자동차 판매회사의 사장도 예외는 아니어서 자신의 업적을 알아주는 그 아가씨에게 상당한 호의를 갖게 되었고 결국 그녀는 합격의 영광을 안았다.

사람들은 안하무인인 사람보다는 매사에 겸손한 태도를 보이는 사람들에게 호의를 보인다. 타인이 자신의 성공을 진심으로 기뻐해 줄 때 흡족해지는 이기적인 면이 더 강한 것이 사람의 묘한 심리다.

그러므로 상대방의 능력을 인정해 주고 우월감을 충분히 표현할 수 있게 한 다음 말문을 연다면 좋은 결과를 얻을 수 있다. 특히 세일즈맨이나 사업상 상대를 설득해야 할 경우에 이러한 방법이 크게 효과를 볼 수 있다. 상대방을 사로잡는 좋은 대화의 기술이다.

상대의 장점을 적극적으로 칭찬하라

막스뮐러는 그의 걸작 《독일인의 사랑》에서 이렇게 말했다.

"칭찬이라는 것은 배워야 할 예술이다."

그는 칭찬을 사회의 여러 제약과 곤경을 허물어뜨리는 예술적 행위라고 하였다.

인간이라면 누구든지 칭찬을 받고 싶어 한다. 칭찬을 받으면 자아의식이 자극되어 기쁨의 표정을 짓는다. 자아의식이 강한 사람일수록 더욱 칭찬에 약하다. 그러므로 비록 아첨하는 느낌이 들더라도 칭찬을 아끼지 않는다면 그 효과는 생각보다 훨씬 크다.

'칭찬은 고래도 춤추게 한다'는 말이 있다. 그만큼 칭찬은 상대를 성장시키는데 없어서는 안 될 중요한 덕목이다.

우리가 어느 사람을 정해 놓고 칭찬을 해야겠다고 작정을 하면 나름대로 전략적인 칭찬을 해줄 때 상대는 더욱 더 칭찬에 고무돼 칭찬하는 사람과 인간적인 유대가 깊어질 것이다. 따라서 칭찬은 항상 전략적이면서 상대 위주의 칭찬이 되어야 칭찬의 효과가 200% 살아나게 된다.

:: 전략적인 칭찬으로 효과를 극대화하라

다음의 전략적인 칭찬을 통해 기왕의 격려해 주는 상대가 칭찬의 효과로 더욱 더 성장할 수 있도록 해보자.

첫째 머뭇거리지 말고 아낌없이 칭찬한다. 칭찬은 상대 중심의 커뮤니케이션이다. 따라서 칭찬하는 사람이 머뭇거리며 칭찬을 망설이게 되면 제대로 칭찬을 할 수가 없다. 상대를 칭찬할 때는 과감하게 아낌없이 칭찬을 해주는 것이 효과만점의 칭찬법이다.

상대에게 신뢰를 확인할 때는 "당신이라면 괜찮아!"라고 칭찬하고, 상대에게 자신감을 불어넣기 위해서 "처음이라고는 못 믿겠어."라고 칭찬하면 된다.

둘째, 입장을 바꿔서 지금까지와는 전혀 다른 방식으로 칭찬을 해줄 필요가 있다. 이를 통해 상대가 지금까지의 생각을 다른 각도에서 다시 생각해 볼 수 있는 계기를 마련해 주도록 한다. 가령, 반대되는 이야기로 효과를 높이기 위해서는 "너무 잘하지 마!"라고 칭찬하면 되고 마이너스라고 생각되는 조건을 플러스로 전환시키기 위해서 "바쁜 자네니까 이렇게 부탁하는 거야!"라고 칭찬하는 방법이 있다.

셋째, 칭찬받는 사람도 미처 몰랐던 부분을 칭찬한다. 남으로부터 자주 칭찬받는 사항을 또 칭찬하면 별로 고마운 느낌이 들지 않는다. 칭찬에는 세심한 주의력과 관찰력이 요구된다. 이때는 스스로 장점을 깨닫게 하기 위해 "자네 몰라보게 달라졌네!"라고 칭찬할 수 있다.

넷째, 칭찬받는 사람을 자극해 더욱 더 분발할 수 있는 계기로 삼기 위해서는 "자네밖에 없어!"라는 말로 청자의 능력을 다시 한번 강조해 스스로 그 일에 자부심을 갖도록 유도하는 방법이 있다. 이런 칭찬으로는 "여러 가지 고려한 결과… 자네밖에 이 일을 할 사람이 없는 것 같아."라든가 "역시 보는 눈이 달라.", "미처 몰랐어.", "과연", "자네라면 할 수 있다!" 등의 표현이 있다.

:: 바보라도 칭찬해 주면 훌륭하게 쓸 수 있다

심리학자 M. 세라는 인간의 감정은 신체적 · 정신적 측면에서 다시 네 가지로 분류된다고 보았다.

첫째는 육체적 자극으로 일어나는 감각적 감정으로 고통의 쾌감이고, 둘째는 몸 전체가 받아들이는 생명적 감정으로 권태와 긴장이며, 셋째는 일반적 감정으로 기쁨 · 슬픔 · 노여움 등이며, 넷째는 종교적 감정으로 종교를 통해 얻어지는 기쁨 · 평화 등의 감정이라고 분류했다.

그의 학설에 의하면 기쁨을 유발하는 칭찬의 언어는 둘째 부분과 셋째 부분인 생명적 감정과 일반적 감정을 자극시키는 것이라고 볼 수 있다.

　이렇게 인간은 칭찬의 말을 들으면 감정의 동요를 일으켜 아첨인지 빈정거림인지 판단하기도 전에 자아의식의 만족감 때문에 좋아하게 된다.

　　요셉 카인츠라는 배우가 햄릿 역할을 끝내고 분장실로 돌아왔을 때였다. 그가 막 분장실로 들어서자 웬 노파 한 사람이 뒤따라 들어오더니, "오늘 당신의 햄릿 연기는 정말 훌륭했어요. 마치 햄릿이 살아 돌아온 듯 했어요." 하고 말했다.
　　카인츠는 뻔히 과잉칭찬인 줄 알면서도 자기도 모르게 기분이 좋아져, "부인께서도 생전의 햄릿 왕자를 잘 알고 계셨군요?" 라는 말이 자연스럽게 튀어나왔다.

　노파의 말에도, 카인츠의 말에도 진지한 면은 거의 없었다. 하지만 서로 상대를 칭찬하고 있는 것만은 분명하다.
　이처럼 칭찬 한 마디에 상대의 감정은 순식간에 솜털처럼 부드러워진다.
　영국 속담에 "바보라도 칭찬을 해주면 훌륭하게 쓸 수 있다." 라는 말이 있다. 칭찬의 말은 상대의 기분을 북돋아줄 뿐 아니라 능동적으로 더욱 잘 해 보고자 하는 용기를 키워준다.
　대화의 상대가 나에게 호감을 갖도록 하기 위해서는 칭찬의 말을 하는 것이 가장 최선이다. 상담을 시작했을 때는 먼저 상대의 장점을 찾아 칭찬하라.

5

상대의 동의와 협력을 구하는
긍정의 대화

01

상대의 공감을 얻으려고 노력하라

아름다운 대화는 상대를 존중해주며 화기애애하게
공감하는 대화이다

대화를 하면서 상대에게 협력이나 동의를 구할 때 가장 먼저 신경을 써야 할 부분은 상대를 기분 좋게 만드는 것이다. 이를 위해서는 여러 가지 방법이 있을 수 있겠지만 그중에 상대의 말에 동감을 표시하고 감탄을 나타내는 것이 효과적인 방법 중의 하나이다.

특히 협력을 얻기 위해서 대화를 할 때는 화자(話者)와 청자(聽者)가 서로 감정의 일치를 봐야 한다. 이것을 심리학에서는 공감대라고 하는데 이는 서로의 감정 이입이 원만하게 이루어졌다는 것을 의미한다.

문제는 어떻게 하면 상대와 공감대를 형성할 수 있는가 하는 것이다. 이런 면에서 요사이 한창 인기가 있는 개그콘서트를 눈여겨 볼 필요가 있다.

개그콘서트에 나오는 출연자들은 관객들의 호응에 민감하게 반응을 나타내면서 연신 감탄사를 내보낸다. 그들은 때로는 되돌아오는 감탄과 찬사에 냉정을 잃기도 한다. 출연자들은 가끔 자신의 연기가 얼마나 대단했으면 관중의 웃음을 자아낼 수 있었겠는가 하는 환상에 사로잡힌다. 그들은 자신의 연기에 모든 관중이 만족해하는 것으로 받아들이면서 연기에 더욱 열중하게 된다.

:: 공감 대화는 서로에게 감동으로 다가간다

협조를 구하는 설득의 대화 역시 먼저 상대의 말에 공감하는 척하는 심리기법이 필요하다. 이러한 공감적 대화가 진행되는 과정에서 상대 역시 자신이 받은 감동의 대가만큼 당신에게 성의를 표하게 된다.

서로 간에 감정의 일치가 이루어지면 감정의 이입과 이월의 단계는 쉽게 이루어진다. 상대 말에 공감하는 척하는 말로는 다음과 같은 것이 있다.

"아, 그렇습니까?"

"놀랍군요."

"어휴!"

"저런, 큰일 날 뻔했군요."

이런 말들은 거의가 상대의 말에 전적으로 공감을 표시하는 말이다. 이런 말들을 무의식적으로 받아들이면 상대와의 거리가 좁아지고 공감대 형성이 쉽게 이루어실 수 있나.

이런 공감대 형성은 세일즈에서나 비즈니스 협상에서도 성공의 중요한 요인이 된다.

:: 좋은 대화를 나누려면 상대를 배려하라

아름다운 대화는 말하는 사람이나 듣는 사람이 서로의 마음을 활짝 열고 상대를 존중해주며 화기애애하게 공감하는 대화일 것이다. 여기서 가장 중요한 포인트는 바로 서로에게 공감할 수 있는 내용과 마음이 작용해야 한다는 것이다. 사실 어떤 사람과 처음으로 대화를 하게 되면 말하는 사람이나 듣는 사람 모두 어색하고 서툰 상태에서 서로에게 낯선 분위기가 말하는 내내 튀어나오게 되어 있다. 상대를 경계하는 빛이 역력해 허리를 곧추세우고 상대에게 바짝 다가간다거나, 두 손을 자기도 모르게 꼭 쥔 채 미간을 잔뜩 찌푸리고 '저 사람이 무슨 꿍꿍이속으로 이 말을 하나' 하는 경계심 가득한 태도를 보이게 된다. 그러다가 상대에 대한 경계가 사라지고 낯선 느낌들이 사라지면서 차츰 서로의 말에 공감하고자 하는 태도로 발전하게 된다. 이렇게 상대방이 관심을 갖고 있는 주제에 같이 맞장구를 쳐주다가 이야기를 맺는 방식의 대화로 나아갈 때 진정한 '공감의 대화'가 가능한 것이다.

좋은 대화를 나누기 위해서는 상대에 대한 관심과 배려의 마음이 필요하다. 그런 의미에서 평소 무슨 일에도 별 흥미를 느끼지 못하고 매사에 부정적으로 생각하는 사람은 결코 좋은 대화를 나눌 자격이 없다. 이런 성격의 사람이라면 오늘이라도 스스로 긍정적으로 사고하기 위한 훈련을 해야 할 것이다. 이를 위해서는 우선 상대에 대해서 가급적 열린 마음으로 접근할 수 있게끔 스스로를 긍정적인 마인드로 무장할 필요가 있으며 다양한 주제에 관심을 갖는 연습도 게을리 하지 말아야 한다. 가령 말하는 사람이 어떤 주제의 이야기를 하든 나름의 관심과 흥미를 표명하기 위해서 다양한 기삿거리를 숙지하고 각양각색의 취향과 전문지식을 갖춘 잡지나 책 등을 평소에 꾸준히 읽을 필요가 있다. 무엇보다도 머리에 든 게 많아야 상대가 무슨 얘기를 해도 적극적으로 그 분야에 대해 관심을 표명할 수 있기 때문이다.

다시 한번 말하지만 상대의 대화에 공감하기 위해서는 언제나 상대의 주파수에 나를 맞출 줄 아는 배려와 긍정의 마인드가 갖추어져 있어야 한다. 특히 요즘처럼 개성 강하고 독특한 화제를 즐겨 얘기하는 젊은 층과 자주 만나야 하는 기성세대일수록 자신의 감성지수를 가급적 또래문화의 감성지수와 맞출 줄 아는 유연한 사고를 지녀야 동시대를 호흡할 수 있는 좋은 대화 파트너가 될 수 있다.

이처럼 상대에 대한 배려와 관심을 표명할 줄 아는 사람이라면 직장생활이나 비즈니스 무대에서도 어떤 사람과 얘기를 나누더라도 소기의 성과를 달성하기엔 무리가 없을 것이다. 무엇보다도 두 사람의 대화가 되었든, 여러 사람이 모인 자리에서 나누는 토론이 되었든 간에 공통의 화제를 놓고 따뜻한 마음으로 다가갈 수 있는 공감지수

를 지닌 사람이라면 어디서든지 환영받을 수 있는 대화의 주인공이
될 수 있다는 점을 명심하라.

02

질문을 많이 받아라

말하는 사람의 능력은 질문에 얼마만큼 정확하게
답변할 수 있느냐에 따라 결정된다

질문은 문제의 핵심을 파악하는 데 결정적인 기능을 하며 인간관계에 있어서도 중요한 역할을 한다.

'대화 시작 4분 내에 질문을 하고, 질문을 받으라.'

대화의 기술을 익히는 데 있어 아주 중요한 원칙 중의 하나이다.

요즘에는 학교 수업에 있어서도 대화의 방식으로 진행하는 수업이 환영받고 있다. 수업뿐만 아니라 강연의 경우에도 대화, 즉 질의응답 방식을 적용하는 경우가 점점 더 늘어나는 추세이다. 질문에 적절히 대답할 수 있을 정도의 실력만 가지고 있다면 질의응답 방식은 일방적으로 이야기하는 것보다 훨씬 효과적이다.

그러나 말하는 사람의 실력이 질문을 감당할 수 없다면 그 자리는 묘한 분위기가 되어버린다. 게다가 질문을 공격으로 받아들여, 감정적으로 반격을 가하는 사람도 있을 수 있다. 이렇게 되면 질의응답 방식이 도리어 문제가 될 수 있다.

그럼에도 불구하고 질문의 필요성을 강조하는 것은 대화에 있어서 질문은 많은 긍정적인 요인을 가지고 있기 때문이다. 말하는 사람도 질문을 받음으로써 자신의 문제점을 확인할 수 있고, 자기의 방식도 평가 받을 수 있다.

상대가 질문해주기를 기다리지 않고, 내 쪽에서 적극적으로 질문을 유도하는 경우도 있다.

"지금까지 이야기한 것에 대해 의문은 없습니까?"

"제 생각에 반대한다거나 문제가 있거나 애매한 곳이 있다고 생각되는 것은 없습니까?"

이렇게 질문을 유도할 때 특히 조심할 것은 듣는 사람들이 거북해할 수 있는 말은 피해야 한다는 것이다.

이때는 대략 "알기 쉽게 설명하려 했습니다만, 혹시 이해 못한 분은 안 계십니까?" 등으로 돌려 말하는 것이 상황을 부드럽게 만드는 대화법이다.

:: 상대의 질문에 효과적으로 대처하는 방법

이야기를 이해하기 위해 열심히 귀 기울이는 사람이 있는가 하면, 야유 섞인 질문을 해서 말하는 사람을 골탕 먹이려고 하는 사람도 있고, 알고 있으면서도 짓궂게 질문하는 사람도 있다. 이런 태도는 말하는 사람의 능력을 시험해보려는 의도에서 비롯되는 것들이다.

상대의 이러한 질문에는 어떻게 대처해야 할까?

여기에는 대략 다음의 네 가지 방법으로 대처할 수 있다.

① 질문에 대해 강하게 반문하지 않는다.

반문을 하면 다음 질문이 나올 수 없을 뿐만 아니라 질문자의 공격적인 반발을 이끌어내게 되어 인간관계마저 흐리게 할 위험성이 많다. 따라서 이때는 이런 태도를 취하는 것도 효과적인 대응법의 하나이다.

② 질문자를 나쁜 사람 취급하지 않는다.

"그것은 아까 설명한 것입니다. 듣고 있지 않았다는 증거 아닙니까?", "제대로 들었다면 그러한 질문은 나올 수 없습니다." 따위의 질문자에게 면박을 주는 듯한 반응을 보여서는 안 된다. 이런 대응은 그 자리에 있는 다른 사람들에게도 강한 반감을 줄 수 있기 때문이다.

③ 질의응답은 논쟁이 아니므로 상대의 질의에 적절하게 반응해야 한다.

큰소리가 나오거나, 감정을 폭발시키지 않도록 해야 한다. 구차하게 자기 변명하는 발언으로 일관하는 사람이 있는데, 이런 태도도 좋지 않다. 질문자의 말을 솔직하고 겸허하게 들은 다음 냉정하게 답변하는 마음의 여유를 가져야 한다.

④ 예상하지 못한 질문이 나오면 부드러운 말투로 생각의 차이를 지적해 준다.

자기 생각과 반대의 발언이 나오거나 예상하지 못한 질문이 나오면 누구든지 조금은 당황하게 된다.

이때에 "그런 말도 안 되는 소리를!", "지금에 와서 그런 말을 하다니……." 라고 반응하면서 당황하는 자기의 마음을 달래려 하는 사람이 있지만, 이것처럼 서툰 대응은 없다. 그보다는 다음과 같이 말하는 편이 낫다.

"그런 견해도 있을 수 있지만……."

"그렇게 받아들일 수도 있겠지만, 이렇게 생각해보면 어떻겠습니까?"

대개 여러 사람 앞에서 서는 사람은 이미 그런 자리에 익숙해져 있다. 그래서 준비를 충분히 해둔다면 이처럼 당황스런 상황이 일어날 염려는 없다.

그러나 질문은 즉각적으로 나오는 것이다. 말하는 사람이 그것에 관해 얼마나 알고 있느냐가 중요하다.

말하는 사람의 능력은, 질문에 얼마만큼 정확하게 답변할 수 있느냐에 따라 결정된다. 따라서 질문을 받는 일은 자기 성장을 위해서도 귀중한 자극이 되는 것이다.

03

대화에 여운을 남겨라

대화를 하면서 가장 강조하고자 하는 말은 최후에 하는 법이다. 마지막 한 마디는 그대로 상대에게 꽂혀 지워지지 않는 강렬한 느낌표로 전달된다.

한 시대를 풍미했던 세계적인 레슬러의 은퇴 기자회견은 말의 여운이 어떤 것인지를 새삼스럽게 깨닫게 하는 인상적인 사례가 아닐 수 없다.

50을 훌쩍 넘긴 이 레슬러는 카메라 플래시가 연신 터지는 은퇴 기자회견장에서 별다른 말없이 묵묵히 침묵하고 있다가 계속되는 기자의 질문에 "레슬링을 너무나 사랑하지만 체력의 한계가 온 것 같아 이제 그만 사각의 링을 벼나러 한다."고 말한 뒤 입술을 꾹 깨물고 눈물을 참으며 그 자리에서 목석이 돼버렸다.

이 레슬러의 침묵 끝에 한 한 마디 말이 담고 있는 의미는 정말로 여러 가지 감정이 응축돼 나온 말이다. 화려했던 레슬러로서의 꿈같은 날들도 연상이 되고, 후배들에게 길을 터주기 위해 아름다운 퇴장을 하는 선배로서의 회한도 진하게 묻어나온다. 하지만 이 모든 의미를 단 한 마디로 '체력의 한계로 떠난다'는 말로 짧고 굵게 마무리를 짓는 이 레슬러의 복잡한 심사가 그대로 청중들에게 감동으로 다가설 수밖에 없었다. 그만큼 말하는 사람의 초점이 응축된 말은 상대를 끌어들이는 강력한 힘이 있다.

:: 대화의 성패는 마지막 한 마디에 달려 있다

대개 어떠한 일이라도 처음과 끝이 가장 힘들다. 특히 이야기의 끝을 어떻게 마무리해 상대의 마음에 깊은 인상을 주는가 하는 문제는 대화의 성패를 좌우하는 중요한 요인이 아닐 수 없다. 대화의 결과가 최후의 한 마디에 좌우되기 때문이다.

설전이 심각하게 전개되어 돌이킬 수 없을 정도로 인간관계가 악화되었다 하더라도 헤어지는 순간에 "어쨌든 미안하네. 모든 것은 내 불찰이야."라고 한 마디 하면 그때까지의 악화된 감정이 눈 녹듯이 사라지는 효과를 얻을 수 있다. 이것이 심리학에서 말하는 잔존효과이다.

명언설가들은 미리 끝맺음의 말을 생각해 두고 청중들이 마지막의 단 한 마디 말에 명확한 인상을 받도록 되풀이해서 외우곤 했다. 이 방법도 역시 잔존효과를 백분 활용한 것이다.

남북전쟁의 전운이 서서히 싹트고 있을 때, 노예해방에 불만을 품고 무력으로 대항하겠다고 결심을 굳힌 남부사람들을 위해 링컨은 최후의 연설문을 준비했다.

"내전이냐 아니냐 하는 중대 문제의 열쇠를 쥐고 있는 것은 내가 아닙니다. 정부는 여러분을 공격하지 않습니다.……(중략)……'평화'냐 '칼'이냐의 엄숙한 문제를 결정하는 것은 여러분이며 내가 아닙니다."

그러나 이 초고를 본 국무장관 슈워드는 연설문의 끝이 너무 무뚝뚝해서 인상적이지 못하고 극적 변화가 너무 일찍 일어났다고 지적했다.

그리하여 슈워드의 충고를 받아들인 링컨이 추고한 원고를 보면 훨씬 우아하면서도 평화를 갈구하는 그의 순수한 충정이 강하게 드러나 있다.

"나는 이야기를 끝맺고 싶지 않습니다. 우리는 적이 아니라 친구입니다. 우리는 적이 되어서는 안 됩니다. ……(중략)……평화라는 신비스러운 악기를 우리가 다시 연주하게 될 때……그 시기는 반드시 올 것이지만……합중국의 코러스가 높이 울려 퍼질 것입니다."

링컨은 '평화냐 칼이냐' 하는 표현으로 평화를 강조한 것으로 생각했으나 듣는 입장에서는 평화의 마음을 읽기가 어려웠다. 그러나 추고에 쓴 '합중국의 코러스' 란 끝말은 잔존효과를 최대한 이용한 것으로서 앞서 문장의 말과 중간에 나왔던 강한 설득과 강요의 내용이 끝으로 가면서 평화의 이미지로 바뀌는 인상 깊은 말이 되었다.

04

새로운 방식으로 접근하라

파격은 평범한 일상에 신선한 자극을 준다

평범한 일상생활을 하다가 어느 날 갑자기 전혀 예기치 못한 일을 당하면 고정관념에서 탈피한 색다른 기분을 느끼게 마련이다. 더욱이 예기치 못한 일이 나를 즐겁게 하는 일이라거나 내 마음이 왠지 모르게 끌리는 일이라면 더욱 신선한 충격을 받게 된다. 늘 하던 대로의 고인 틀을 확 깨는 파격은 예술 세계에서뿐만 아니라 평범한 일상에도 신선한 자극을 주어 우리의 감정을 새롭게 뒤흔들어 놓는 생활의 활력소가 될 수 있다.

가령 당신이 상대방에게 주의나 충고 등 자신의 의견을 말하면, 상대는 당신의 그 말 때문에 기분이 상할 수도 있다. 가령 상대에게 "자네, 이 자료 꼭 챙겨두라고 했는데 아직도 안 챙겼나?"라든가 "요즘 비상시기인데도 자기 일도 제대로 못하면 주말에도 나와서 일하시

오."라는 말들이 그런 말들이다. 이런 말들은 듣는 사람이 '자신을 위해서 한 말'이라고 생각하지 않게 되면 그야말로 적대적인 감정만 마음에 쌓이고 말 것이다.

따라서 진심으로 상대에게 관심이 있어서 그런 말을 할 수밖에 없을 때에는 상대방이 들어서 기분 나쁠 수도 있는 말은 칭찬과 호의적인 말로 바꾸어 말하면 상대가 충분히 당신의 의도를 납득할 수 있을 것이다. 가령 다음의 예처럼 말한다면 상대도 금방 당신의 말을 수긍하게 될 것이다.

상사 : 일전에 부장님이 최근 김대리가 정말 열심히 일한다면서 칭찬이 자자했어요.
부하직원 : 어, 그렇습니까?
상사 : 그래서 말인데. 요즘 무척 바쁜 것 같은데 그래도 김대리가 이 자료를 정리해 줘야 내가 마음이 놓이겠네. 김대리라면 금방 끝낼 수 있잖아.
부하직원 : 앗, 죄송합니다. 요즘 너무 바빠서. 오늘까지 다 정리해 놓겠습니다.

:: 말과 행동에 변화를 줘 상대를 흡족하게 만족시켜라

일상적인 우리의 인간관계란 대부분이 도식적인 범주에서 벗어나지 못한다. 생활에 쫓기다 보면 보다 빠르게 움직여야 하기 때문에 상대와 새로운 감각으로 접촉하기란 그리 쉬운 일이 아니다.

그러므로 일상적인 형태로 이루어지는 대화에서도 전혀 새로운 방식으로 접근하여 상대의 마음을 흡족하게 만들면 인간관계에 유리하게 작용하는 경우가 적지 않다.

여기서 예기치 못했던 일이란 말과 행동에서의 변화를 말한다. 늘쓰던 거리감 있던 호칭을 갑자기 친밀감이 깃든 애칭으로 바꾼다든지, 평소 퇴근시간만 되면 부하직원을 불러 술자리로 가던 길을 영화관람을 하러 간다든지 하는 식이다. 이처럼 늘 하던 대로의 방식에서 약간의 파격만 줘도 멀게만 느껴지던 직장에서의 상하관계를 가깝게 할 수 있는 좋은 기회가 될 수 있다.

회사의 자질구레한 사무를 잘 처리하는 경리과 김대리와 최부장은 상사와 부하직원으로 지낸지 벌써 7년째이다. 그래서 평소 무척 친하게 지내면서도 최부장은 언제나 김대리를 사무적인 호칭으로 부르곤 한다. 그러다가 최부장은 가끔 다른 직원이 없는 자리에서는 일부러 호칭을 생략하고 '수경아' 하고 이름을 부르곤 한다. 물론 직원들이 다 있는 자리에서는 있을 수 없는 일이지만 오래된 동료로서 자신이 서툰 일을 부탁할 때나 자신이 친오빠처럼 김대리를 격의 없이 생각하고 있다고 말하고 싶을 때 가끔 써먹는 최부장만의 김대리에 대한 호칭의 비밀이다. 그래서 그런지 김대리는 최부장이 잘 다루지 못해 가끔씩 부탁

해 오는 자질구레한 것들 – 팩스 용지 갈아 끼우는 것, 거래처의
솜씨 좋은 직원 소개 부탁, 심지어는 아내의 선물을 고르는 일
등등–을 성심성의껏 처리해 주곤 한다.

:: 긍정적인 사람은 변화에 유연하게 대처한다

"인생을 70년 살면 70번 변해라."

공자의 말이다. 세상을 살아가다 보면 70번이 아니라 700번도 예
기치 못한 상황이 닥쳐올 수 있다. 그때마다 우리는 전혀 준비가 돼
있지 않으면서도 이 상황에 나름대로 대처해 나가야만 한다. 세상을
긍정적으로 사는 사람은 비록 잘 모르는 일이 자신에게 닥쳐왔다고
할지라도 그때 그때의 상황에 맞는 임기응변을 잘 발휘해 상황을 자
신에게 유리한 쪽으로 만들어버리곤 한다. 세상의 모든 일을 다 잘
알아서 처리할 수는 없다. 살다보면 분명히 자신이 부족하거나 잘못
된 부분이 드러나게 된다. 이때 긍정적으로 사는 사람은 자신의 가치
관이나 생각을 빨리 고치는 유연함을 발휘하지만 부정적인 사람들
은 상황을 탓하며 더욱더 세상과 맞서려고만 한다. 공자께서 말씀하
신 것처럼 원칙과 소신은 중요한 것이지만 쓸데없는 데까지 고집과
원칙을 내세우다 보면 세상에서 뒤처지는 위인이 될 위험이 높다. 이
보다는 새로운 환경에 맞는 대안을 생각해내고 실행하라는 것이다.

휘어지긴 할지언정 부러지지 않아야 최후의 승자가 된다. 막히면
돌아갈 길을 찾아보고, 벽이 높으면 탈출할 다른 방법을 모색해 본

다. 대화 도중 어떠한 난관에 부딪히더라도 당황하지 않아야 한다. 찾아보면 반드시 해법이 있으니 찬찬히 돌파구를 모색하면 분명 길이 보인다. 언제나 성미가 급한 사람이 패배한다. 물론 저돌적으로 밀어붙여야 승산이 있는 경우도 있지만, 세상일 대부분은 한 템포 늦추고 곰곰이 생각해보면 해결책이 저절로 나온다. 그것이 합리적인 대안 찾기다.

비교급을 많이 사용하라

세일즈 기법에서 무엇보다 중요한 것은 '대화에 자신을 갖는 것'
이다.

상대의 기분을 만족시키려면 무엇보다도 상대를 인정해야 한다.
우선, 상대에게 능력이 있음을 인식시키고 '보다 더' 라는 비교급 형
용사를 사용하여 상대로 하여금 좀 더 자기의 능력을 키워보고 싶은
욕구를 불러일으키도록 해야 한다.

ING생명보험의 손은경FC는 《보험의 트랜드를 이끈다》는 책에
서 자신의 분발을 촉구한 선배 매니저의 도발적인 응원이 얼마
나 그녀에게 큰 자극이 되었는지를 감동적으로 표현하고 있다.

"내 처음 목표는 52주였다. 51주까지 3W를 하자 우리지점의 SM

이 "손은경 FC님 100주 기대할께요" 하는 메시지를 보내는 게 아닌가. 주위에서는 모두들 축하한다는 말만 하는데 그 SM은 유독 나에게 다음 목표를 독려하는 메시지를 보낸 것이다. 누군가가 나한테 100주 또한 3W가 가능하다고 용기를 주었기 때문에 "해볼까?" 하는 마음이 들었다,

그런데 주위의 선배들이 하는 말이 "FC는 1년은 3W 했다 안 했다 말할 계제가 아니다. 왜? 지인들한테 해달라고 부탁해서 달성한 목표이기 때문에. 진정 그 사람의 실력을 평가할 수 있을 때는 1년이 지났을 때지."라고 하는 게 아닌가. 선배FC들의 이 말에 은근히 오기가 동하자 그럼 1년을 더 해보자며 신발 끈을 동여 맺던 기억이 새롭다."

전문가적인 입장에 서게 되면 누구든지 자신만이 유일한 능력자라는 오만을 갖게 된다. 이런 생각을 가지고 있으면 상대의 기분을 흡족하게 만들기 어렵다.

자신의 능력을 완전히 불신 받았을 때는 분발하고자 하는 의욕보다 자존심이 상하고 불쾌해하는 것이 인간의 보편적 감정이다.

비교급의 언어를 사용하면, 현재 상태도 만족하지만 더욱 능력을 확대시켜야 한다는 인상을 강하게 심어줄 수 있다.

예를 들어서 은행에서 정기예금을 신청하는 고객에게 "저희 은행의 이자가 연 6.5%입니다."라고 말하는 것보다 "서희 은행은 다른

은행에 비해 1년 이자가 연 30만원 더 많습니다."라고 말했을 때 어느 것이 효과가 더 있겠는가? 물론 후자일 것이다.

　직접적으로 피부로 와 닿는 비교급의 양의 표현이 더 호감을 끄는 것이다.

　요즘의 광고 문안을 분석해보면 상품의 질이 좋아졌다는 내용의 광고에도 대부분 '더욱' 이라는 비교급 단어를 사용한다는 사실을 알 수 있다.

　'더욱 건강해질 수 있는 지혜로운 선택' 이라든지 '당신의 머리 결을 더욱 부드럽게 가꾸어주는 밍크 샴푸' 라는 문안은 호기심을 불러 일으켜 선전 효과가 배가 될 수 있다.

　이와 같이 비교급 형용사는 상대의 자존심을 만족시켜줄 뿐만 아니라 더욱 증대시켜주는 자극제 역할을 한다.

유머를 적절히 사용하라

인간이란 무언가 재미있는 이야기에 일단 함께 웃으면
곧 그 사이가 돈독해진다

대화에 있어서 유머의 사용은 논쟁을 예방하고 격의를 없애주며 상대를 부드럽게 감싸 불만을 해소시켜주는 효과가 크다. 특히 의사소통에 장애가 생겨 서로 화를 내게 되었다거나 대화가 단절되었을 때 큰 역할을 한다.

만약 어떤 일에 대해 의견을 일치시키지 못하여 불만이 쌓이게 되면 먼저 웃으며 난국을 타개하려는 노력을 하라.

대개 사람들은 큰일보다 사소한 일에 더욱 신경을 쓰고 화를 내기 쉽다. 이런 상태가 계속 되면 서로 마음이 경직되어 더 이상 대화를 나누려는 의욕을 상실케 된다. 대화의 의욕을 상실한다는 것은 중대한 실패의 징후이다. 어떤 경우라도 침묵보다는 의사소통이 훨씬 발전석이나.

유머는 이런 긴박한 순간을 모면시키는 힘을 지니고 있다. 아무리 불만에 차 있던 상대라도 유쾌한 분위기에 젖어들면 불쾌한 감정을 잊어버리기가 쉽다.

:: 유머는 어떠한 불만도 누그러뜨린다

웃음은 외형적으로 나타나는 형식이다. 말이 내용이라면 유머는 내용을 포장하는 형식이다. 형식이 내용의 결점을 보완하고 새롭게 전개시키는 것이다.

칼라일은 이렇게 말했다.

"진실된 유머는 마음에서 나온다. 말의 노예가 되지 말라. 남과의 언쟁에서 화를 내기 시작하면 그것은 자기를 정당화시키기 위한 언쟁이 되고 만다."

언쟁이 일어났을 경우에 미소의 힘을 최대한 활용하여 언쟁의 요소를 감소시키라고 하는 뜻이다.

상대가 욕구불만 상태에서 대화를 회피하거나 우호적인 분위기를 깨뜨리려고 한다면 유머의 힘으로 상대의 불만을 중화시켜라. 유머란 어떤 불만도 해소시킬 수 있는 강력한 힘을 지니고 있다.

사케리는 "멋진 유머란 사교 무대에서 입을 수 있는 화려한 의상보다 훨씬 멋진 장식이다."라고 말하여 유머가 상대에게 최대의 만족을 준다고 하였다.

블루스 버튼도 이렇게 말했다.

"인간이란 무언가 재미있는 이야기에 일단 함께 웃으면 곧 그 사이가 돈독해진다."

:: 유머의 기본은 타이밍과 센스

이제 유능한 직장인의 조건에 유머를 잘 구사하는 사람이 손꼽히는 건 그리 새삼스러운 일이 아니다. 그만큼 유머는 회의석상이든 비즈니스 자리에서든 간에 누구에게나 환영을 받는다. 무엇보다도 유머러스한 사람은 어떠한 일을 진행해도 소기의 성과를 달성할 가능성이 무척 높은 사람들이다. 유머감각은 선천적인 사람도 있지만 후천적인 노력을 통해서도 얼마든지 쌓을 수 있다.

유머의 기본은 타이밍과 센스이다. 다시 말해서 늘 대화의 흐름을 숙지하고 어느 순간에 유머를 발휘해야 할지를 캐치해 적절한 상황에 터트리는 순발력이 요구된다. 유머는 너무 원리원칙만 고집하고 기존의 사고의 틀에 고정돼 있는 사람에게서는 나올 수가 없다. 사고가 유연하지 못하고 경직되어 있으면 절대로 유머가 나올 수 없다. 거꾸로도 보고, 뒤집어 보기도 하는 등 고정관념에서 탈피할 줄 알아야 유머가 가능하다. 유머의 기본은 발상의 전환이다. 평소 이러이러한 일만을 예상했던 일상생활을 이렇지 않은 일도 있을 수 있다고 한번 쯤 뒤집어 생각해 보는 것. 이때 세상은 좀 더 특별하게 나에게 다가옴을 느낄 수 있다.

자신이 원래 남을 웃기는 데는 소실이 없다고 생각하는 사람은 나름의 노력을 기울이면 금방 유머지수를 향상시킬 수 있다. 개그프로그램을 자주 본다거나 인터넷 사이트에서 유머란에 들어가 최신 유머를 챙긴다거나 웃기는 친구의 번뜩이는 유머를 수첩에 적어둔다거나 하면 일상대화나 비즈니스 자리에서 요긴하게 써먹을 수가 있다.

어느 모임에서건 정치나 종교 이야기를 꺼내는 것은 스스로 무덤을 파는 일이다. 이때는 최근의 화제 스포츠나 날씨, 베스트셀러 등을 화제로 너무 진지하지 않게 가벼운 얘기로 풀어나가는 것이 대화를 잘하는 방법 중 하나이다. 이때도 평소 생각해 뒀던 유머가 있다면 좌중에 한방을 날려 그 효과를 톡톡히 보는 유익한 대화법을 발휘한다면 이보다 더 좋은 방법은 없을 것이다.

유머는 바탕에 따뜻한 휴머니즘이 깔려 있다. 그러나 유머의 사촌쯤 되는 빈정거림에는 비정함과 냉담함이 있다.

현대사회는 합리적인 능률주의가 지배하는 삭막한 곳이다. 삭막한 사회일수록 더욱 풍부한 인간성과 유머가 필요하다.

최근에는 기업들도 종업원을 기업이라는 거대한 기계의 톱니바퀴라고 생각하던 입장에서 벗어나 새로운 인간관계를 형성하고자 땀을 흘리고 있다.

사회생활을 할 때에도 유머를 가지고 생활하면 훨씬 효과적이다. 인간관계에 있어 유머는 곧 윤활유 역할을 한다.

6

논쟁에서 이기는
논리적 대화

01

한 단계 높은 응수로 상대를 제압하라

상대의 판단을 그르치게 하려면 상대가 목적하는 것
이상의 대답을 해주면 된다

여자관계가 복잡하기로 소문난 정치가가 있었다. 어느 날 여성단
체의 대표로부터 집중 공격을 받았다.

"선생, 한 나라의 정치를 좌지우지하는 당신이 두 여자를 거느리고
있다니, 그게 말이나 됩니까?"

그러자 정치가는 유연한 태도로, "둘이라뇨? 내가 지금 보살피고
있는 여자는 다섯 명이오, 다섯 명." 하면서 그게 무슨 문제냐는 투로
대응했다.

여성단체의 대표는 그 정치인의 반응에 그만 기가 찰 수밖에 없었다.

그러나 정치가는 다시 그 다섯 명의 여성과는 젊어서 한때 기분으
로 관계했으나 이제는 경제적인 도움만을 주고 있을 뿐이라면서
여성단체 대표의 오해를 차분하게 이해시켜 주었다.

그는 여성단체의 대표를 먼저 경악케 한 후 자신의 입장을 들어 설득력 있게 그녀를 회유했던 것이다.

:: 한 단계 높은 방법으로 상대 논리를 정면으로 반박하라

대화를 하다 보면 유난히 말하는 사람의 약점을 잡고 집요하게 물고 늘어지는 사람이 있다. 이런 사람과는 우선 대화가 자연스럽지 못할뿐더러 사사건건 대화의 결론을 자신에게 유리한 쪽으로만 몰고 가려고 해서 당하는 쪽은 정말이지 다시는 이 사람과 말하고 싶지 않다는 기분이 들 때가 있다.

대화는 본질적으로 상대적인 것이다. 내가 그럴 의도가 없었는데 상대가 나를 곤란한 지경에 이르도록 자꾸 안 좋은 쪽으로 대화의 흐름을 몰고 가고자 한다면 그대로 앉아서 당할 수만은 없는 노릇이다. 따라서 이런 경우에는 한두 번 상대에게 경고의 메시지를 보낸 다음 그래도 계속 자신에게 불리하게 이야기를 끌고 나가고자 한다면 한 단계 높은 방법으로 상대의 논리를 정면으로 반박할 필요가 있다.

아무리 유창한 말주변을 가진 사람이라 할지라도 중요한 대화에서 상대의 의외의 카운터펀치를 맞으면 당황하게 되는 경우가 종종 있다. 이럴 경우 상대의 대응에 역으로 한 수 더 떠서 대응함으로써 오히려 공격하는 상대를 궁지에 몰리게 만들 필요가 있다. 상대의 집요한 공격에 맞서기 위한 응수화법은 침착하게 상대의 말을 들으면서 상대의 말이 논리적으로 모순된 부분을 단번에 찌를 수 있는 허점을 발견해 그곳을 강하게 반박하는 것이다. 그래서 상대가 더 이상 반대 논리로 나에게 재응수할 수 없도록 해야 한다. 듣기란 이처럼 핵심을 찌를 수 있는 말 한마디를 오래도록 장전해 놓는 인내를 필요로 한다. 그러므로 이런 응수화법을 익혀 둔다면 듣기와 말하기 사이의 미묘한 연관 관계를 헤아릴 수 있고, 성패를 좌우하는 중요한 대화에서 보다 유리한, 때론 극적인 역전의 찬스를 잡을 수 있다.

:: 상대의 공격에 재반격하는 대응화법

상대의 공격을 한번에 재반격하는 대응화법에는 직접법과 역전법을 들 수 있다.

직접법은 상대가 결론으로 주장하는 부분에 대해서 근본적으로 잘못된 주장이라는 대응을 하는 방법이다.

가령 A라는 사람이 "이번에 문제가 드러난 00부문의 생산기법은 ××방식으로 바꿔야 합니다."라고 주장하는 데 대해 B가 "00부문의 생산기법을 ××방식으로 바꿔야 한다는 의견은 이미 작년도 회의에서 ××방식은 문제가 많다고 해서 부결 처리된 것으로 알고 있습니다."라고 결론 부분을 반박하는 식이다.

역전법은 상대의 말을 일면 긍정하는 것처럼 말하면서도 결국은 부정할 수밖에 없는 치명적인 문제를 강조하는 방법이다. 가령 어느 회사의 제품 홍보마케팅 방향 회의에서 A가 "지금은 상품의 질보다는 광고가 더 중요하다고 생각합니다."라고 말했을 때, 반대 입장에서 있는 B가 "물론 말씀하신 대로 광고가 당면 과제인 것은 사실입니다. 하지만 제품에 하자가 있다면 그것부터 고치도록 노력하는 것이 순리가 아니겠습니까?"라고 근본적인 문제를 들어 반대의견을 제시하는 식으로 말하는 방법을 말한다.

:: 상대를 제압할 수 있는 대화를 하라

상대를 제압할 수 있는 대화를 하려면 상대의 목적을 알아야 하며, 자기의 목적과 부합시켜 보기도 해야 하고, 양자를 조절하기도 해야 할 것이다. 그러나 상대의 판단을 그르치게 하려면 상대가 목적하는 것 이상의 대답을 해주면 된다.

어떤 여자가 치근덕거리며 따라다니는 남자로부터 프로포즈를 받자 "좋아요. 그럼 내일 식을 올리도록 하자구요. 식장은 부촌 교회로 하죠. 나는 그 교회 목사님과 아주 잘 아는 사이거든요. 게다가 그 목사님은 총각이구요."라고 대담하게 응수하자 남자가 그만 기겁을 하고 그 자리에서 물러났다고 한다.

이와 같이 상대가 목적하는 것의 이상을 말해주면 상대는 어리둥절하게 돼있다. 뿐만 아니라 당신이 이끄는 대로 따라오게 된다.

02

의견이 대립되면 상대방을 인정하라

> 토론의 목적은 언쟁이 아니라 동의를 얻는 데 있다

토론을 할 때 서로가 '옳다'고 생각하는 부분에서 정면으로 부딪치면 대화는 곧 격한 언쟁으로 발전한다. 이렇게 되면 이기든 지든 씁쓸한 뒤끝만 남기 마련이다.

때문에 가능한 한 의견이 대립해도 상대를 이기려고 하는 자세는 피하는 게 좋다.

토론의 목적은 언쟁이 아니라 동의를 얻는 데 있다. 그럼에도 격한 언쟁으로 서로 등을 돌려버린다면 이는 본말이 전도된 것이다.

서로의 의견이 팽팽하게 맞서 냉랭한 기운이 감돌기 전에 당신이 해결의 실마리를 찾아보자.

오바마는 힐러리와 토론할 때 힐러리는 외교문제에서 자신의 경험을 자랑하자 오바마는 그 사실을 바로 인정해버렸다. 그러자 힐러리는 더 이상 공격할 여지를 찾지 못했다.

:: 최상의 대화는 대화를 무승부로 유도하는 것

우리가 일상에서 말할 때는 여러 가지 대화법을 상황에 맞게 선택해 대화를 하게 된다. 대화에는 여러 방법이 있지만 그중에서 가장 권하고 싶은 대화법은 대화를 무승부로 유도하는 방식이다. '당신의 의견도 옳고 내 의견도 옳다고 생각한다.'라고 일시적으로 매듭을 짓고 결론은 다음 기회로 넘긴다. 이렇게 하면 상대방은 마음속으로 '내 의견을 옳다고 인정해 주었으니 그 사람 의견도 맞을지 모른다.'라는 생각이 들어 한걸음 양보하게 된다.

다음으로 대화를 현명하게 이끄는 방법은 스스로 자신의 의견을 꺾는 방법이다. "과연 그렇군요. 제가 틀렸어요. 당신 생각이 옳습니다."라고 깨끗하게 물러나 본다. 그러면 격한 논쟁을 각오했던 상대방은 '이상한데?'라고 생각한다. 이 '이상한데?'라는 의문이 '어쩌면 이 사람의 생각도 옳을 지도 모른다.'라는 생각을 불러오는 계기가 된다.

마지막으로 화제를 완전히 다른 쪽으로 돌리는 방법이 있다. "왜 그렇게 생각해?"라는 질문을 반복하면서 서서히 화제를 다른 방향으로 유도한다. 이 방법은 우선 시간을 두고 냉정해지는 편이 낫겠다고 생각할 때나 의미가 없는 의견 대립이라고 생각되는 토론에 효과적이나.

토론에서 상대와 의견 차이가 나면 우선 어떤 부분에서 차이가 나는지를 확인한 후 핵심 부분을 재차 질문하는 것이 순조롭게 토론을 하는 방법이다.

상대에게 질문할 때는 이렇게 묻는 것이 좋다.

"OO님의 의견에 대해 의문나는 부분이 몇 개 있는데 물어봐도 되겠습니까?" 라고 먼저 양해를 구한다. 그후 상대의 의견과 차이나는 부분에 대해서 묻는다. 이때 질문은 두세 가지로 세분화시켜 묻는 것이 좋다.

이때 상대방과 견해가 다른 내용에 대해서는 한번 더 확인한다. 그런 다음 상대방의 요구도 수용할 수 있는 방법을 모색하면서, 서로 받아들일 수 있는 의견을 확인하면서 상대의 다른 점과 비슷한 의견을 서로 수용해 나가는 것이 좋은 토론이다.

토론에서 매번 이길 필요는 없다.

오바마는 민주당 후보 경선대회에서 매번 힐러리와 치열한 토론을 벌였다. 당시 민주당 내 분위기는 보잘 것 없는 경력의 흑인 젊은이보다는 연륜과 경력에서 월등히 앞서는 백인여성에게 압도적인 우세가 점쳐지던 때였다. 오바마는 힐러리와의 어려운 싸움에서 예상외로 쉽게 승리를 거두었다. 그는 천국과 지옥을 오가는 피를 말리는 토론에서는 별로 재미를 보지 못했다. 토론에서 이긴 적도 손에 꼽을 정도로 드물었다. 그러나 그는 상대를 깎듯이 대하며 반듯하고 깨끗

한 인물이라는 평판을 얻어내며 결국 민주당 대통령 후보가 되는 데 성공했다.

다른 사람보다 우세하지 않으면 뭔가 손해 보는 듯한 기분이 들어 불안할 수도 있지만 인간관계는 계속 이어지는 것이다. 긴 안목으로 보면 그때그때의 토론에서 지더라도 자신에게 돌아오는 이익은 오히려 많아진다. 중요한 것은 서로의 자존심에 상처를 주지 않고 좋은 관계를 유지하면서 성장해가는 데 있다.

그리고 시간이 지나면서 주위 사람들은 상대방을 배려하는 당신의 마음을 깨닫게 될 것이다.

진정으로 훌륭한 사람은 '져주는 여유'를 아는 사람이다. 오바마가 그렇게 했다.

03

사실적인 언어를 사용하라

사실적인 말하기가 되려면 구체적인 사실을 확연히
알 수 있는 언어를 사용해야 한다

논의가 올바르게 전개되지 않고 논의를 위한 논의로 번지다가 마침
내는 논쟁이 되어버릴 때가 있다. 서로 논리적인 면만 강조하다 논쟁
으로 불거지게 되면 쌍방이 모두 해결의 실마리를 찾지 못하게 된다.

하지만 이런 상황이라도 능숙한 대화 능력을 갖추지 못한 것을 걱
정할 필요는 없다. 이때는 오히려 즉시 논쟁의 종식을 꾀할 방법을
강구하면 되는 것이다.

논쟁을 종식시키기 위해서는 논쟁이 자꾸 번질만한 실마리를 사전
에 차단해 상대의 말꼬리를 잡고 늘어지는 심리를 사전에 차단하는
것이 필요하다. 상대의 논쟁하고자 하는 심리를 묶어 논쟁이 계속되
는 것을 막기 위해서는 추상적이지 않은 구체적인 언어를 사용해야
한다. 사실적인 말하기가 되기 위해서는 명분이나 이론을 앞세운 언

어가 아니라 구체적인 사실을 확연히 알 수 있는 언어를 사용해야 한다. 상대에게 우리 주변에서 흔히 볼 수 있는 일상생활을 예로 들어 추상적인 개념을 사실화시키고 쉽게 이해하도록 해야 한다.

> 수금사원이 월부 책값을 받으려고 어느 가정을 방문했다. 그 집 주인은 이 핑계 저 핑계를 대가면서 "이번에 사업을 새로 시작해서 지금 돈이 없다." 며 수금사원을 애타게 하였다.
> 그러나 수금사원은 시종일관 "물건을 사셨으면 돈을 주셔야죠." 하며 돈을 갚을 것을 요구하였다.
> 주인은 그만 수금사원의 노골적인 요구에 기가 죽어 책값을 주지 않을 수 없게 되었다.

만일 이때 수금사원이 주인에게 어설프게 응수했더라면 분명히 주인은 이러저러한 이유를 들어 결제할 수 없다는 것을 납득시키려고 했을 것이고, 수금사원 역시 그에 맞서 결제를 종용하다 결국 논쟁을 일으켰을 것임은 자명하다.

추상적이지 않은, 즉 추상적 개념을 사실화한 말은 노골적인 성질로 말미암아 상대를 자극시켜 심리적으로 위축되게 한다. 그런 한편 상대를 현혹시키는 작용도 한다. 상대의 논리를 무너뜨리고자 할 때 추상적인 언어가 아닌 사실적인 개념의 언어를 사용하면 묘사나 표현이 노골적이 되어 논쟁의 승리를 가져나줄 것이다.

:: 구체적으로 말하는 4가지 방법

우리가 대화에서 구체적으로 말하기 위해서는 어떤 점에 유의해 말해야 할까? '구체적으로 말하는 4가지 방법' 에 대해서 살펴보기로 하자.

① 실물을 보여준다.

실물 교육에서는 진짜 칼로 무엇인가를 베는 것과 같은 박진감이 느껴진다. 모형을 사용하는 것은 실물 교육을 응용한 것이다.

회사에서 직원들에게 기계의 조작법, 작업의 순서 등을 가르칠 때도 실물 교육을 활용하는 경우가 많다. 신입사원들은 우선 어느 정도 이론을 마스터한 다음 현장에 나가서 직접 작업하면서 실습 교육을 받는다. 이 방법은 상당한 효과가 있다.

'실물 교육' 은 단순히 이론을 알게 되는 것뿐만 아니라 기술을 익힌다는 점에서도 효과적이다.

세일즈맨이 고객에게 상품을 보여주는 것도 이에 해당된다. 직접 상품을 보는 것은 상품 구매에 강한 설득력을 갖는다. 백화점 상품이 잘 팔리는 것은 물론 신용 때문이기도 하지만 실물에 의한 비교가 가능하기 때문이다.

② 사진이나 그림을 보여준다.

글로 표현해야 좋은 경우도 분명히 있다. 시나 노래 등에서 느껴지는 깊이나 여운은 글이 아니면 제대로 표현할 수 없다.

그러나 사실적으로 보여준다는 점에서는 사진이나 그림이 훨씬 효과적이다. 점심시간에 배달되는 도시락 선전용 광고지가 컬러 인쇄되어 있고, 라디오 방송보다 텔레비전 방송이 훨씬 더 설득력을 갖는 이유도 여기에 있다.

③ 도표·통계를 보여준다.

도표나 통계를 사용하면 한눈에 비교할 수 있다는 장점이 있다. 특히 물리적인 크기와 넓이를 통해 단순·명쾌하게 그 차이를 알릴 수 있다는 이점이 있다. 이해만이 아니라 '역시!' 하는 느낌을 준다는 점에서 설득력이 크다고 할 수 있다.

간혹 숫자에 약해 도표나 통계를 좀처럼 이해할 수 없다고 말하는 사람도 있지만, 사실 도표나 통계만큼 효과적인 표현 수단은 없다.

④ 실례를 인용한다.

추상적인 이야기일수록 구체적인 실례를 들어주면 훨씬 알기 쉬워진다. 실물을 보여줄 수 있다면 좋겠지만, 이야기의 내용에 따라서는 감각에 호소할 수 없는 것도 있다.

이러한 경우 실례는 추상적인 이야기를 뒷받침해주는 중요한 기능을 하는 것이다.

04

철저하게 준비하라

대화를 나눌 상대에 대해서 사전에 많은 정보를 알게
될수록 상대에 대해서 예의를 갖출 수 있고 실수를 줄
일 수 있다

대화는 상대와 얘기하기 전에 이미 성공여부가 결정된다고 해도
과언이 아니다. 대화의 상대가 눈앞에 등장하고 나서야 비로소 대화
를 시작하면 이미 늦었다. 상대를 만나기 전에 먼저 상대와 대화를
시작하라. 대화를 나눌 상대에 대해서 사전에 많은 정보를 알게 될수
록 상대에 대해서 예의를 갖출 수 있고 실수를 줄일 수 있다.

나이와 고향, 학교, 가족 같은 기본사항은 특히 대한민국 사회에서
는 필수이다. 전라도 출신에게 전라도 욕을 하고, 경상도 출신에게
경상도 욕을 했다가는 대화가 제대로 진행될 리가 만무하다. 또한 상
대방의 취미는 무엇인지, 어떤 색깔을 좋아하고, 양식과 한식 중 어
떤 음식을 더 좋아하는지, 즐겨 먹는 음식은 어떤 것인지 정도는 당
연히 알고 대화에 임하는 것이 원활한 대화를 위한 기본 조건이다.

회사를 방문할 때 작은 화분을 하나 사거나, 케이크를 사더라도 부하 직원에게 전화를 걸어 취향이 어떤지를 물어보는 노력이 필요하다.

첫 만남에도 당신이 상대에 대해 많은 것을 알고 있다면 상대는 이를 자신에 대한 관심과 배려로 알 것이며, 이는 원만한 대화를 이어가는 데 중요한 요인이 될 수 있다.

물론 집안에 밥숟가락이 몇 개고 잠버릇은 어떠한 지까지 모르는 게 없다는 것을 너무 심하게 강조하면 오히려 부작용을 일으킬 수도 있다.

당신이 만나는 상대에 대해 얼마큼 안다고 드러내놓고 자랑할 필요는 없다. 중요한 것은 당신과 상대방이 나눌 이야기에 도움이 되는 것을 끄집어내는 것이다.

또한 상대방에 대한 준비뿐만 아니라 내가 해야 할 말을 준비하고 점검해야 한다. 대화의 시간은 정해져 있다. 촉박한 시간 안에 하고 싶은 말과 꼭 해야 할 말들을 미리 정리해야 한다. 꼭 물어보고 싶은 말이 있는데 기회를 놓쳤다면 또 한 번의 과정을 거쳐야 하고, 부탁의 경우라면 당신은 두 번 신세를 지는 귀찮은 사람이 된다. 당신이 할 말을 미리 정리하고 일목요연하게 기억하고 나가자.

자, 이제 당신을 만나기 위해 문을 열고 들어오는, 티 테이블에 앉아 당신을 기다리는, 당신의 사랑스런 상대방을 관찰하라. 무릎을 바짝 오므리고 주위를 두리번거리며 진땀이 밴 손을 꼭 쥐고 있는지, 혹은 소파에 다리를 꼬고 앉아 차를 마시고 있는지 살펴라. 이미 상대는 당신에게 자신의 정보를 세세히 이야기하고 있다. 이미 대화는 시작된 지 오래인 것이다.

◆ 고객과 대화를 할 때의 자세

① 먼저 자기 자신을 객관적으로 되돌아본다.
- 대화 중에 입가를 한쪽으로 올려 은연중에 비웃는 웃음을 짓고 있지는 않은가?
- 습관적으로 코웃음을 치는 것은 아닌가?
- 이맛살을 찌푸리거나 다리를 꼬고 있지 않는가?
- 거만하게 상체를 의자의 등받이에 대거나 볼펜을 돌리지는 않는가?
- 담배냄새, 구취, 음식냄새, 독한 향수냄새로 고객의 코를 괴롭히는 것은 아닌가?

위의 사항은 대화하기 전에 먼저 당신 자신을 되돌아보면서 우선적으로 고려해야 할 사항들이다.

② 자신의 감정 상태를 파악한다.
대화는 사랑을 파는 것이다. 그러나 이번에는 표현을 달리해 보자. 대화는 전쟁이라고! 총칼은 없어도 그에 못잖게 힘겹고 어려운 싸움이 바로 대화이다. 특히 세일즈 대화는 그렇다.

촌철살인(寸鐵殺人)의 교훈을 우리는 익히 알고 있잖은가. 사소한 말 한마디가 상대방을 죽이고 살리고, 또한 당신 자신을 죽이고 살릴 수도 있다. 대화는 사랑이지만, 그 사랑을 얻고 잃은 과정은 치열한 전쟁과 마찬가지인 것이다.

따라서 살벌한 전쟁터, 적군을 살피고 파악하기에 앞서 꼭 해야 할 일이 있다. 그것은 다름 아니라 나 자신을 객관적으로 되돌아보는 것. 현재 적을 제압할 수 있는 당신의 무기에는 어떤 것이 있고, 현재 당신의 심리적인 상태는 어떤지를 정확하게 파악해야 한다. 전쟁은 시작 전에 이미 그 승패가 99.9% 결정되기 때문이다.

특히 당신의 감정 상태를 객관적으로 파악하라. 병법에서 지피지기(知彼知己)면 백전불패(百戰不敗)라고 했다. 상대방의 상태만 살피는 것이 아니라 당신의 상태도 충분히 고려해야 한다. 당신이 격한 감정에 휩싸여 있을 때나 혹은 의욕이 없는 상태일 경우 상대방과 대화를 하는 것은 좋지 않다. 아무리 숨기려고 해도 목소리에 감정이 묻어나기 때문이다. 잠깐 동안이라도 심호흡과 휴식을 통해 평상심으로 돌아온 뒤 대화를 시작하는 게 좋다. 격한 감정에 아무 말이나 해놓고 뒤늦게 후회하는 사람을 우리는 너무 많이 봐왔지 않은가.

나 자신을 객관적으로 되돌아보면서 먼저 나 자신이 상대에게 이끌리는 사람인가를 충분히 점검하고 나서 대화에 나서라.

05

가능성을 먼저 제시하라

상대의 장점을 부각시켜 주고 상대의 새로운 가치를
인식시켜 주면 상대는 분발하게 된다

상대를 분발시키고 능력을 최대한 발휘하도록 설득하려면 그들에게 잠재돼 있는 가능성을 알아서 그 가치를 높일 수 있는 부분을 발견하는 데서부터 출발해야 한다.

미국의 저명한 심리학자 윌리엄 제임스는 우리들은 자신의 잠재적 능력, 즉 가능성을 제대로 발견하지 못하고 있을 뿐만 아니라 제대로 발전시키지 못하고 있다고 하면서 다음과 같이 말했다.

"우리가 우리의 선천적 기질과 현재의 인격을 비교해 보면 인격완성의 도중에서 헤매고 있는 것 이상의 아무것도 아니다. 우리는 정신적으로나 육체적으로 그 가능성의 반도 제대로 활용하지 못하고 있다."

그러므로 상대의 장점을 부각시켜 주고 아직까지 잘 모르고 있는 새로운 가치를 인식시켜 주는 것이 곧 분발을 꾀할 수 있도록 도와주는 것이다.

D종합금융에서 부동산 전문가로 활약하고 있는 임차장은 국내 경기가 불황으로 치닫던 작년부터 다른 전문가와는 달리 유달리 아파트 매수를 할 것을 자신의 고객들에게 강하게 권유했다. 당시 한다 하는 부동산 전문가들이 하나같이 올해는 국내 경기도 불안하고 부동산에 대한 악재가 많아서 가급적 부동산 매매를 자제하는 것이 좋겠다는 전망을 내놓는 것과는 정반대의 제안이었다.

임차장은 무엇보다도 국내 경기 활성화를 위해서 정부가 부동산 경기부양책을 내놓을 것이기 때문에 지금이 부동산을 사기에 가장 좋은 때라고 했다. 그 근거로 임차장은 부동산 양도소득세 완화와 대출 금리 인하 등 정부의 부동산 활성화 정책을 들었다. 임차장의 고객들은 임차장의 정확한 근거에 따른 확신에 찬 부동산 매수 권유를 받아들여 좋은 가격으로 강남의 재건축 아파트를 매수했다. 그 결과 부동산을 사들인지 불과 6개월도 안 돼 정부의 부동산 부양책이 잇따라 발표되었고, 고객들은 5, 6천만원의 순이익을 얻을 수 있었다.

이처럼 한 분야의 전문가는 자신의 이론의 근거를 바탕으로 정확하고도 확신에 찬 가능성을 고객들에게 제시할 필요가 있다. 물론 확신에 찬 가능성을 말할 때에는 적어도 전문가로서의 우량정보를 바탕으로 한 근거 있는 주장이 선행되어야 함은 물론이다. 자신감을 가지고 설득력 있는 주장을 펼 때 상대는 당신의 자신감에 훨씬 더 신뢰를 보내며 당신의 대화에 공감을 표할 것이다.

:: 상대의 능력을 알고 그 부분을 독려하라

런던의 한 상점에서 점원으로 일하는 청년이 있었다. 그는 아침 5시에 청소하는 것으로 시작하여 14시간 동안 줄곧 일해야 했다. 일이 힘들어서 더 이상 계속할 수 없었던 그 청년은 1년 뒤에 가게를 그만 두었다. 실의에 빠진 그는 옛 스승에게 괴로움을 호소하는 장문의 편지를 띄웠다. 청년은 자신의 처지를 비관하다 자살까지 생각했었지만 옛 스승의 회신은 그에게 새로운 용기를 불러 일으켜 주었다.

그 스승은 청년을 위해 교사 자리를 비워두었다는 회신을 보내왔다. 그는 청년의 처지가 딱하게 됐다는 제자의 편지를 받고 그를 자기 곁으로 불렀던 것이다. 덕분에 그 청년은 잠재되어 있던 재능을 마음껏 발휘할 수 있었고 마침내 대문호가 되어 영국 문단에 이름을 떨쳤다. 그 청년이 바로 H.G. 웰스이다.

분발을 독려하기 위해서는 먼저 상대의 능력을 알고 그 가치를 높일 수 있는 부분을 찾아내는 것이 중요하다.

용기를 북돋워줘야 할 상대는 대부분 난관에 처해 있는 사람들이다. 그들은 근거 없는 이야기에도 관심을 집중하게 되므로 터무니없는 부분에 대한 지적은 위험천만한 것이다.

잠재력이라 밖으로 표출되었을 때 엄청난 힘을 발휘하는 능력을 지닌다. 따라서 잠재력을 찾는 것은 미진한 부분을 개척하여 자기의 영역을 넓히는 과정이라고 할 수 있다.

분발의 계기는 항상 가능성을 얻는 데서 시작된다.

06

신념을 가지고 말하라

신념은 자신을 중시할 때 생긴다

인생의 성공과 실패는 때때로 순간적인 충동에 의해서 좌우된다. 충동은 극히 순간적으로 일어나지만 때로는 성공과 실패의 계기가 되기도 한다.

인간관계를 연구하는 학자들 중에 충동을 신비한 힘이라고 말하는 학자도 있다. 충동도 역시 두뇌활동의 일부이기 때문이다.

충동적 의지란 곧 신념을 말하며, 신념이란 당신의 의지나 목적을 달성시키기 위한 순간순간 번득이는 충동에 의해서 갖게 되는 힘이다.

당신이 직원이나 고객으로부터 호감을 받는 방법 중의 하나는, 우선 당신 자신을 건실하게 보이도록 하는 것이며, 강한 신념을 가지고 있다는 것을 상대가 알도록 하는 것이다.

신념에 가득 찬 눈빛은 상대를 압도하는 힘이 있다. 확고한 신념을 가진 상대를 대면하는 일은 기쁜 일임에 틀림없다.

엘바 섬을 탈출한 나폴레옹은 그의 부하들을 만났을 때 그의 눈빛이 강한 신념으로 번뜩이고 있었다. 이것을 본 그의 부하들은 백배 용기를 얻었다. 나폴레옹의 눈빛에서 승리할 수 있는 확신을 보았기 때문이다.

:: 신념은 자신을 중시할 때 생긴다

기업이나 회사가 어려울 때 확고한 신념을 가진 사장이나 CEO의 신념은 흔들리는 직원들의 사기를 북돋아준다. 신념을 신뢰하는 데에는 그 밑바탕에 강한 힘이 작용하기 때문이다.

인생에서 성공과 실패는 신념에 의해서 좌우된다. 그러므로 확고부동한 신념을 가지는 것은 큰 힘이 된다.

신념은 당신 자신을 중시할 때에 생기게 된다. 자기 자신을 중시하는 사람은 자긍심을 갖게 되고 다른 사람으로부터 협조와 신뢰를 얻을 수 있다.

H투자신탁 이부장은 고객들로부터 '쪽집게 주식박사'란 별명으로 통하는 실력을 인정받는 주식전문가이다. 이부장은 고객과 상담하기에 앞서 수차례에 걸쳐 고객에게 제안할 기업에 대한 철저한 분석과 최신 정보를 확보한다. 이를 통해 주식시장에서 상대적으로 저평가돼 있는 주식상품을 골라 고객의 편의에 맞게 맞춤 주식 설계를 해준다. 이부장의 평소 연구자세를 잘 아

는 고객들은 이부장이 추천한 종목이라면 앞뒤 가리지 않고 우선적으로 투자를 한다. 간혹 이부장이 추천한 종목이 하한가를 칠 때도 있지만 그때마다 이부장의 권유를 받아들여 3~4개월을 더 기다린다. 그러면 놀랍게도 이부장이 전망한 대로 주식을 살 때보다 2배 가량 오른 가격으로 자신의 상품이 상한가를 향해 쭉쭉 뻗어오르고 있는 것을 목격하게 된다. 신뢰는 철저한 분석과 연구를 바탕으로 쌓인 믿음의 결정체이다. 이런 신뢰가 있기에 이부장은 오늘도 남들이 다 퇴근하는 사무실에 앉아 고객에게 이익을 가져다 줄 수 있는 주식종목을 고르느라 시간 가는 줄 모르고 컴퓨터 모니터 앞에서 떠날 줄을 모른다.

광고 제작자는 광고주의 의뢰를 받아 광고를 만든 후에 심각한 고민에 빠진다고 한다. 밤낮을 가리지 않고 힘들여서 만든 이 광고가 광고주로부터 OK사인을 받을지, 또한 얼마만큼의 광고 효과가 있을지 불안해 한다고 한다.

그러나 이런 경우에 막연히 불안해하는 것보다는 성공할 수 있다는 자신감을 보여주는 광고 제작사는 대부분 성공한다고 한다. 전문가가 자신감에 차 있을 때 광고주도 신뢰하기 때문이다.

얼마만큼의 타인의 호감과 도움을 얻을 수 있는가 하는 것은 당신의 신념 정도에 따라 달라진다는 것을 명심하고 확고한 신념을 직원이나 고객에게 보여주어야 한다.

7

성공적인 비즈니스를 위한
10가지 세일즈 마인드

01

듣는다는 것은 마음을 열어주는 것이다

> 훌륭한 세일즈맨은 고객의 말부터 듣는다

듣는 것이 뭐가 그리 어려우냐고 말할 사람도 있겠지만, 인간은 본래 자기만 말하고 싶은 본능을 갖고 있다. 나만 즐겁게 떠들어야 직성이 풀리는 게 인간인지라 남의 말을 들어줘야겠다는 데까지 생각이 미치지 않는 것이다. 그래서 경청은 정말 어려운 대화의 자세이다.

말한다는 것은 일종의 배설 작용이다. 남에게 이야기해 버림으로써 가슴에 맺힌 감정을 확 풀어버린 경험이 누구에게나 있을 것이다. 그래서 자기의 이야기를 듣게 하고 싶어서 병원을 찾는 사람도 많다고 한다.

인간은 누구나가 자기를 주장하고 싶어 한다. 자기를 표현하고 싶다는 강한 욕구를 가지고 있다. 이 욕구를 충족시켜주는 상대면 고마운 존재로 느낄 것이다.

이렇게 본능적으로 자신이 말하는 데만 익숙해져 있는 우리는 남의 이야기를 듣는다는 것이 그렇게 어려울 수가 없다. 그래서 대개 남의 이야기를 듣는 것도 철저히 자기의 입장에서만 듣는 우를 범하고 만다.

:: 상대에게 마음을 열고 들어라

우리는 대개 대화의 화제가 자기와 동떨어진 얘기이거나, 관심이 없는 얘기에는 건성으로 듣는 경향이 있다. 또한 자기가 말하고 싶은데도 상대방만 일방적으로 이야기하거나, 말하는 사람에게 호감이 가지 않거나, 이야기가 지루하면 그저 듣는 체하거나 상대방을 무시하는 태도로 들어버리고 만다.

이러한 태도는 말하는 사람의 의욕을 꺾고 그 자존심에 심한 상처를 준다.

듣는다는 것은 마음을 열어주는 것이다.

남의 이야기를 듣는다는 것은 마음의 넓음, 여유의 발로라고 할 수 있다. 상대를 받아들이는 아량이나 애정이 없으면 참으로 좋은 경청자가 될 수 없는 것이다.

상대에게 관심이 있기 때문에 그의 말에 귀를 기울이는 것이다. 애정은 구체적으로 관심 있는 사람에게 귀를 기울인다는 노력으로부터 시작된다고 할 수 있다.

그렇다면 상대의 말을 잘 듣기 위해서는 어떤 사세로 듣는 것이 바람직할까?

첫째, 열심히 듣는다.

둘째, 물으면서 듣는다.

셋째, 분명하지 못한 점은 확인하면서 듣는다.

넷째, 어떻게 하면 좋은가, 상대는 무엇을 기대하고 있는가를 생각하면서 듣는다.

대개 말하는 사람은 내용적으로 이야기의 목적을 달성하려는 경우도 있겠지만 양적으로 많이 말하고 싶어 하는 경향이 있다. 따라서 상대의 말을 잘 듣는 사람은 무엇보다도 상대가 하고 싶은 말을 충분히 하게끔 충분한 배려를 하고, 상대의 말에 내가 지금 관심을 기울이고 있다는 태도를 상대가 알 수 있게끔 진지하게 듣는 자세가 중요하다.

:: 듣기에 능숙한 사람이 말하기도 잘한다

비즈니스나 세일즈에서 고객중심으로 경영을 하기 위해서는 고객의 소리에 귀를 기울여야 하며 특히 제품이나 회사에 대한 칭찬이 아닌 비판이나 불만을 겸허히 수용할 줄 아는 긍정적인 경청의 자세가 꼭 필요하다.

대화란 두 사람이 마주보고 이야기하는 것이다. 눈과 눈을 마주치고, 서로의 가슴을 향해 노크하는 행위이다. 듣기에 능숙한 사람들은 상대방에게 관심을 보이면서 상대방의 의견과 사고방식을 궁금해

한다. 관찰하기도 하고 재해석하기도 한다. 그 과정을 통해 서로의 대화가 환상의 복식조를 이룬다. 이것이 바로 쌍방향 커뮤니케이션이다. 말하기-듣기의 순서가 아니라, 듣기-말하기의 순서가 된다. 서로 그런 마음자세를 갖고 있으므로, 대화는 허공이 아닌 상대방의 마음에서 울려 퍼진다.

단언컨대 대화의 주도권은 말을 많이 하는 사람 쪽으로 가는 것이 아니다. 오히려 말하는 사람보다 듣는 사람 쪽이 대화에 대한 해석력이 높다. 이 대화의 핵심은 무엇인지, 결론이 무엇인지, 가장 정확한 판단은 듣는 쪽에서 나온다. 상대방을 정확하게 평가할 수도 있다. 듣기에 열중한 사람은 그 욕망을 배려로 절제하는 것이다. 이 배려는 서로 간에 이루어져야 가장 큰 힘을 발휘한다. 서로 상대방의 이야기에 귀를 기울여보자. 듣기식 대화는 꼬리에 꼬리를 물고 상대방의 마음 속 더 깊은 곳으로 항해한다. 서로에 대해 누구보다 잘 알게 되고 마음이 통하게 되는 것이다.

:: 훌륭한 세일즈맨은 고객의 말부터 듣는다

고객의 신임을 얻는 비결은 고객에게 말을 많이 하는 것이 아니라 고객의 말을 열심히 들어주는 것이다.

세일즈맨들도 마찬가지다. 훌륭한 세일즈맨은 고객과 대화를 할 때 듣기부터 먼저 한다. 고객의 말에 귀를 기울이고 고객이 말하고 싶도록 유도한다. 고객이 말하면 고개를 끄덕이며 동의를 표시한다.

이것은 고개의 마음을 얻기 위함이다.

사람은 누구나 편견이나 비평 없이 자기 말을 들어주는 사람을 좋아한다. 남이 떠들어주는 것을 좋아할 사람은 아무도 없다.

그렇게 대화를 시작하여 고객이 자신의 이야기를 마음껏 하도록 한 다음 자신의 상품을 제시하고 상품에 대한 자신의 생각과 의견을 제시한다.

고객의 말에 귀를 기울이고 잘 들을 줄 아는 세일즈맨이 성공하는 세일즈맨이다.

대화의 기본은 '1, 2, 3 법칙' 을 잘 따르는 데에 있다. 자신이 한번 말하고, 상대방이 하는 얘기를 두 번 듣고, 상대방의 말에 세 번 맞장구를 치는 것이다. 또한 "사람의 귀가 둘이고 입이 하나인 이유는 듣는 것을 말할 때의 두 배로 하라는 뜻이다." 라는 탈무드의 격언도 한 번쯤 새겨들을 만한 말이다.

" '말을 너무 많이 한다' 는 비난의 목소리는 있어도 '말을 너무 많이 듣는다' 는 비난의 목소리는 들어 본 적이 없을 것이다." 라는 노만 아우구시틴의 말은 대화의 자세가 어떠해야 할지를 단 한 문장으로 정리해 놓은 가슴에 새겨둘 만한 좋은 문장이 아닐 수 없다.

제대로 듣기 위해서는 귀와 마음, 몸 모두를 열어놓는 태도가 중요하다. 진심을 담아 집중해서 들어야 한다. 아는 내용이라고 단정해 허투루 들어서도 안 된다. 단어 하나에 집착하지 말고 상대가 어떤 것을 말하려고 하는지 상대의 메시지를 전체로 파악하려는 자세로 항상 상대에게 마음을 열어놓는 것이 말 잘 듣는 사람의 기본적인 마음가짐이다.

02

성공하는 사람의 태도를 배워라

성공한 사람들의 태도를 벤치마킹하라

매일 전투를 치르듯 고객을 찾아 나서야 하는 세일즈맨들은 회사 문을 나설 때마다 막연한 두려움을 느낀다. 계약을 성사시키지 못했을 때의 두려움, 계약에 급급해 사기 친다는 오해를 받을 것에 대한 두려움 등 비즈니스 현장에서 세일즈맨들이 시시때때로 맞게 되는 어려움은 이루 다 말할 수가 없다.

헤아릴 수 없이 많은 두려움에서 벗어나기 위해 마틴 루터 킹 목사를 벤치마킹하며 위기를 극복했던 오바마는 주변 사람들에게 기회 있을 때마다 성공한 사람들의 태도를 벤치마킹해서 따라 해보라고 권하곤 했다. 그만큼 자신이 어려웠을 때 많은 도움이 됐던 방법이었기 때문이다.

1963년 8월 28일 루터 킹 목사는 워싱턴에 집결한 수많은 군중 앞에서 조금도 두려움 없이 "나에게는 꿈이 있다."라고 외쳤다. 그로부터 45년 후에 오바마는 루터 킹 목사가 했던 것보다 더 큰 목소리로 힘차게 "반드시 우리는 할 수 있다."고 외쳤다. 이때의 오바마는 마치 자신이 킹 목사의 젊은 분신이라는 도전적인 선언을 하는 사람 같았다.

:: 성공한 사람들의 3가지 자세

우리는 마틴 루터 킹 목사에게서, 오바마에게서 성공한 세일즈맨의 태도를 엿볼 수 있다. 우리도 그들처럼 성공을 주문하듯이 생활 속에서 실천한다면 머지않아 성공의 열매를 풍성하게 거둘 수 있을 것이다. 다음의 몇 가지 자세를 익히며 오바마의 성공하는 태도를 따라 해보자.

첫째, 세일즈에 성공한 사람들의 태도는 언제나 당당하다. 그들은 헤프게 웃지 않는다. 그 자리가 웃어야 할 자리가 아니라면 그냥 평소처럼 무표정하고 진지한 태도를 보인다. 오바마는 자신의 여러 가지 약점이 있음에도 불구하고 언제나 당당한 모습을 보였다.

둘째, 성공한 사람들은 태도가 세련되면서도 당당하다. 그들은 말할 때나 연설할 때는 언제나 허리를 펴거나 바른 자세를 취한다.

TV에 등장하는 모습이나 대중 앞에 섰을 때 오바마는 항상 허리를 펴거나 꼿꼿한 자세를 취했다. 어깨를 움츠리거나 가슴을 껴안으면 자신감이 결여돼 보이기 때문이다.

셋째, 성공한 사람들은 어떤 문제에 직면해서도 늘 긍정적으로 해석한다.

오바마는 청중들 앞에서나 측근들에게 늘 '반드시 우리는 할 수 있다.' 라고 긍정적인 메시지를 보냈다.

외국계 보험회사에서 3W 300주를 달성하며 업계의 리더로 잘 나가는 정FC의 보험영업 철칙은 세계적인 보험왕 메이디 파카자데이의 일거수일투족을 그대로 따라서 하는 것이었다.

정FC는 한국에 온 메이디를 한국 MDRT 총회에서 직접 만날 수 있는 행운을 잡았다. 그녀는 강연회에서 메이디에게 단도직입적으로 "성공하고 싶으면 어떻게 해야 될까요?" 하고 물어보았다. 그러자 메이디는 그녀를 뚫어지게 쳐다보며 "성공하고 싶다고? 그러면 내가 확실한 방법을 가르쳐주지." 하고 흔쾌히 대답하는 게 아닌가. 그리고는 단호한 목소리로 "사람을 만나라."고 너무나 쉽게 말하는 것이었다. 그래서 이것 말고 뭔가 특별한 노하우를 숨기고 있는 것 같아서 정FC는 "그보다 더 잘하고 싶은데요, 메이디. 당신만의 비법을 가르쳐 주세요." 하고 재차 다그치듯 물었다. 그러자 메이디는 거참 뭘 또 알고싶은 게 있냐는 듯한 표정으로 "사람을 만나고 또 만나라."고 단호하게 말했다. 그제서야 정FC는 보험영업의 생명은 바로 현장에서 고객과 만나면서 하나라도 더 배우는 것이라는 걸 깨닫고는 그 자리에서 고객이 있는 서초동으로 발길을 옮겼다고 한다.

:: 성공한 사람들은 실현가능한 꿈을 꾼다

성공한 사람들의 태도를 배운다는 것은 성공한 사람들의 성공하기 전의 꿈을 배운다는 것과도 일맥상통한다. 성공한 사람들은 성공하기 위해 자신만의 특별한 가치를 지닌 꿈을 늘 마음속에 새기고 산다. 꿈을 가진 사람은 자신과 같은 위치에 놓인 사람들과는 뭔가 모르게 다른 말을 하고 다른 행동을 한다. 그들은 자신을 난처하게 하는 상황에 처하든 즐거운 상황에 처하든 간에 늘 한결같이 삶의 자세가 흔들리지 않는다. 성공한 사람들이 가졌던 꿈은 현실적인 구체성을 겸비한 꿈이었다. 현실성이 담보된 꿈을 포기하지 않고, 꿈을 실현하기 위해 현실을 탄력적으로 살아가는 사람들이 바로 5년 후, 10년 후에 몰라보게 달라지는 성공하는 사람들이다.

한창 정신없이 업무에 매달리느라 모두가 바쁜 시간. 한번쯤 자기 자리에서 일어나 컴퓨터에 코 박고 일하는 동료 중 유난히 자신만만한 당신의 후배를 바라보라. 같은 사무실에서 비슷한 일을 하고 있어 다들 그렇고 그렇게 살아갈 것 같지만 그 중에서 10년 후 20년 후에는 모든 회사 사람과는 엄연히 다른 세계에서 살고 있을 사람이 분명히 있을 것이다. 범상해 보이는 외양 속에 비상한 꿈을 지닌 그 누군가가 바로 성공의 피날레를 장식할 주인공인 것이다. 바로 그 사람의 일거수일투족에 주목하라. 그 사람의 꿈을 현실화시키는 그 범상치 않은 생활의 자세. 그걸 배워서 내 것으로 만들라. 바로 성공에 이르는 가장 확실한 지름길이다.

03

상대의 'No'를 설득하는 방법을 익혀라

상대에게 내 패를 다 보여주어서는 안 된다

교섭과 상담이 빈번히 이루어지는 비즈니스 현장에서는 상대의 'No'를 어떻게 'Yes'로 바꾸어 놓느냐가 성공적인 비즈니스를 위한 관건이라고 할 수 있다. 회사에서도 기획회의나 전략회의를 할 때에는 회의석상에 참여한 고위간부나 직장동료들의 'No'를 얼마나 설득력 있게 'Yes'로 바꾸어 놓느냐가 회의를 주재하는 발췌자의 능력을 판가름하는 중요한 핵심 포인트 중 하나이다.

그런 의미에서 비즈니스 현장은 'No'와의 전쟁이다. 전력을 다해 상대의 'No'에는 설득의 여지가 없는지, 만일 있다면 그것은 어떤 것인지를 명확하게 파악하는 것이 중요하다.

사회생활을 하면서 늘 부딪치게 되는 상황이 바로 반대 의견을 가진 사람들의 의중을 파악하는 일이나. 비즈니스맨은 늘 'No'를 외치는 상대의 표정이나 말투에서 본심을 찾아내려고 애쓴다.

능력 있는 사람에게 보이는 공통된 자세는 '어떻게하면 상대의 'No'에 대해 납득할 만한 설득방법은 없을까' 하고 늘 생각한다는 것이다. 'No' 한 마디에 고분고분 따르게 되면 아무것도 시작할 수 없다.

하지만 현실적으로 비즈니스 현장에서는 그 상대가 상사이거나 중요한 거래처이다. 상대의 'No'에 대해 반론을 내세워 감정을 상하게 하기보다 고분고분 따르는 쪽이 나은 경우도 있기 때문에 이 균형을 유지하기가 어렵기만 하다.

:: 물러날 때와 다가서야 할 때를 잘 살펴라

비즈니스 현장에서는 밀어붙여야 할지 후퇴해야 할지 판단에 혼란이 오는 상황이 종종 발생한다. 그때 의외로 효과적인 것이 물러난 것처럼 보이게 하는 설득 방법이다.

심리학에는 '자아가르니크 효과'라 불리는 현상이 있다. 러시아의 임상심리학자 자아가르니크에 의해 발견된 현상인데 '중단된 작업 내용은 기억에 잘 남는다'는 것이다.

TV 연속극을 보다 보면 '다음에 어떻게 될까' 궁금한 장면에서 한 회가 끝난다. 그러면 다음 날 혹은 다음 주의 드라마가 몹시 기다려진다. 게다가 지난 회에 어떤 장면이 끝났는지 정확하게 기억이 난다. 또한 완결 직전에 중단된 내용은 훨씬 더 기억에 남는다. 이것이 바로 자이가르니크 효과의 확실한 사례이다.

이 '자이가르니크 효과'를 상대방의 설득에 응용하려면, 상대의 'No'에 대해 상대방을 설득한다면서 모든 방법을 상대에게 다 보여주어서는 안 된다. 말 그대로 맛만 보여주어야 이 효과를 제대로 누릴 수 있다. 바로 '여운을 남기고 교섭을 중단하는 효과'를 노리라는 것이다.

예를 들면, 전화 통화에서 자주 사용하는 말로, "자세한 애기는 만나서 말씀드리겠습니다."라는 전화 통화가 있다. 간단하게 용건을 전달하고 상대가 대답을 꺼리는 경우에는, "그 밖에도 여러 가지가 있지만, 전화로는 설명하기 곤란하니까 만나서 이야기합시다." 하고 말하는 경우도 있다.

이런 말을 들으면 상대는 '대체 무슨 말을 하려고 그러나' 하고 말하는 쪽에 대해 호기심과 의문을 가진다. 그와 동시에 상대가 전화로 꺼낸 이야기를 되새기게 된다. '지금 당장 대답할 수는 없지만 그리 나쁜 조건은 아닐 거야' 하고 기대하기도 한다.

얼굴을 마주하고 설득할 때도 '아직 다른 뭔가가 있을 거야' 하고 상대가 생각하게끔 만드는 것이 상대를 효과적으로 설득하는 비결이다. 물러나더라도 다음번 만남에 기대를 갖도록 만드는 것, 이것이 비즈니스를 성공으로 이끄는 멋진 대화법이다.

04

효과적으로 호소하라

'새롭다'는 한 가지 이유만으로 충분히 구매의 충동을
일으킬 수 있다

"선생님만 믿겠습니다."라는 화법은 세일즈 화법 중에서는 좋지
않은 저자세 영업방법이지만 영업자들은 지금도 계속해서 이 방법
을 사용하고 있다. 사실상 세일즈에 유효한 화법이기 때문이다. 상
대를 전적으로 신뢰하면서 처분에 따르겠다는 동의의 저자세를 보
이면 고객은 우월한 기분에 사로잡히게 된다.

그러나 이 방법은 잘못하면 독약 이상의 결과를 초래한다. 무엇보
다 싫증을 일으킬 수 있다. '거짓 권한을 준다'는 느낌을 주어 불안
감을 형성시킬 수도 있고 뻔히 속이 들여다보이는 수도 있다. 게다가
상대로부터 업신여김을 받을 수 있으므로 자신도 없고 확신도 없을
경우에는 바람직한 판매 화법이 아니다.

그러나 일단 "당신만 믿는다."라는 말은 인간적인 면을 중시하는

것이므로 고객의 긴장된 마음을 풀어줄 수가 있으며, 고객도 우월한 기분에 사로잡혀 거절하기 힘든 이점이 있다.

:: 고객에게 효과적으로 호소하는 3가지 방법

이 '호소의 작전'을 적용시킬 수 있는 몇 가지 경우를 살펴보자.

① 고객이 세일즈맨과 인간적인 유대를 형성하여 안면이 있다거나 이해관계가 있을 때

② 감정적인 사람이거나 의협심이 넘치는 사람일 때

③ 사회적 지위가 높거나 허영심이 강한 사람일 때

첫 번째는 잘 아는 사람의 소개로 찾아갔거나 혹은 지난번에 나의 도움을 받았던 사람일 경우이며, 두 번째는 감정적인 사람일 경우로서 예컨대 눈물이 많고 인정이 많아 부탁을 받으면 좀체 거절을 못하는 사람을 말한다. 마지막 세 번째는 지위가 높거나 허영심이 강한 사람으로서 호소의 방법이 크게 효과를 보는 타입이다. 세 번째 유형에 속하는 사람에게 "선생님 같은 훌륭한 분이 모른 척하시면 어디 되겠습니까?"라든지 "선생님과 같이 멋진 분을 위해 만든 것이니 그저 선생님만 믿겠습니다." 하고 몇 마디 하면 절대로 거절하지 못한다. 이 호소의 작전에 대해 정상의 프로 세일즈맨들은 다음과 같이 말한다.

"세일즈맨으로서 의당 하여야 할 설명은 다했고 이제 조금만 더 밀

고 나가면 될 것 같은데 상대가 망설이거나 할 때 최후의 방법으로 이 말을 하면 성공을 거두는 수가 있다. 그러나 이와 같은 방법은 결코 남용할 것은 못 된다. 상대와 처지에 따라서 다르게 작용하기 때문이다."

즉 호소의 작전이 먹혀드는 상황은 따로 정해져 있다는 것이다. 적어도 이 방법밖에 없을 때에 한해 사용하라는 말이다.

:: 고객에게 신선한 이미지로 다가서라

호소력과 판매는 상호 보완관계에 놓여 있다.

고객에게 상품을 팔아야만 하는 영업사원이 거만한 자세로 고객에게 성의없는 태도로 상품을 판매한다면 그 사원에게 무엇을 기대할 수 있겠는가? 세일즈맨에게는 행동력 이상으로 강한 호소력이 요구된다. 호소력이 없으면 설득이 주효할 수 없고 세일즈도 이루어질 수 없다. 따라서 고객에게 다가가서는 "당신만 믿는다."는 말로 호소력을 키울 일이다. 때에 따라서는 과거의 판매방법과는 전혀 다른 방식으로 상품을 홍보해야 할 것이다. 그러는 사이 고객은 이 세일즈맨에게 신선하다는 이미지를 갖게 되고 그가 영업하는 상품에 마음이 사로잡히는 '잠재적 단골'이 되어버리고 마는 것이다. 이와 같이 세일즈에서 신선한 인상을 주는 것은 판매고와 직결된다.

한편 신선한 '이미지 메이킹'에 실패하는 경우를 살펴보면 질적인 우수성만을 고집하는 경우가 대부분이다. 상품의 질은 일단 구매를 해보아야 알 수 있는 것이다. 구매가 성립되지 않고는 아무리 최고의 품질이라 해도 증명할 길이 없다.

하지만 고객의 구매 욕구를 자극하는 데 내용만으로 어필하고자 하는 것은 무리이다. 현대의 상품전쟁에서는 감각과 지각을 총동원해야만 승리할 수 있다.

구태의연한 것은 쉽게 식상한다. 고객의 흥미를 감퇴시키는 요인은 똑같은 맛, 똑같은 포장이다.

전문가에 따르면 순도 100%의 순금이 아니더라도 금속 제품의 효과와 수명은 동일하다고 한다. 그런데도 고객들이 순금을 사용했다는 제품에 흥미를 보이는 까닭은 무엇일까? 그건 바로 지금까지 다른 금속을 사용하다가 순금으로 바꾸었기 때문에 '새롭다'는 한 가지 이유만으로 구매의 충동을 일으키는 것이다.

이것을 세일즈 화법에 도입해보자.

"이번에 이렇게 산뜻하게 바꾸었습니다."

"여지껏 기술이 미비하여 충족시키지 못했던 것을 새로운 기술로 완성시켰습니다."

이 두 마디 말로도 고객은 충분히 호기심을 일으킨다. 새로운 것은 언제나 주목받게 마련이다.

05

인간적인 매력을 발산하라

성공한 세일즈맨은 자신만의 인간적인 매력을 판다

한 세일즈맨이 외국회사의 고객 앞에서 경쟁 프레젠테이션을 한 적이 있다.

그 때 고객이 그 세일즈맨에게 이런 얘기를 들려줬다고 한다.

"다른 두 회사도 모두 좋고, 서비스도 비슷했지만 당신에게 인간적인 매력이 느껴져서 선택했습니다."

고객의 마음을 움직이기 위해서는 신뢰, 인간미, 관심, 공감 등을 지닌 인간적인 매력을 짧은 시간 안에 어떻게 발산할 수 있는지가 중요한 요소다. 서로 소통이 이뤄진 후에야 회사의 제품이나 서비스에 대한 메시지가 효과적으로 전달될 수 있다. 고객들이 흔쾌히 계약을 체결한 후 기분 좋게 만드는 기술이 진정한 세일즈 능력이다.

오바마는 미국에서 케네디 다음으로 인간적인 매력을 지녔다고 말한다. 그것은 그의 정치 활동은 물론 사회생활에서 사람들로부터 신뢰와 공감을 얻었기 때문이다. 그가 신뢰를 얻을 수 있었던 것은 솔직함과 겸손이 있었기에 가능했을 것이다. 따라서 오바마의 설득의 도 하나의 무기는 인간적인 매력이라고 할 수 있다.

:: 성공한 세일즈맨은 인간적인 매력을 판다

세일즈맨들은 고객들이 제품을 구매하도록 유도할 때 이성과 감성을 동원한다.

냉정한 이성은 저렴한 가격이나 시간 절약 같은 물질적인 것에 관심이 높다. 반면 감성은 기쁨, 행복, 편안함 같은 기분에 좌우된다.

그런데 중요한 사실은 구매 결정의 98%가 감정에 의해 판가름 난다는 점이다. 이성이 구매에 미치는 영향은 고작 2%에 불과하다. 더 중요한 점은 거절의 정서는 냉정한 이성에 좌우되며, 구매는 감정적인 동의와 연결돼 있다. 따라서 냉정한 이성으로 거절할 준비가 되어 있는 고객을 감정적인 상태로 유도하여 욕구를 자극해야 성공적인 세일즈가 가능하다. 그렇게 감정적 유대가 생기면 고객들은 "싼 게 비지떡"이라며 비싼 걸 권해도 무한한 신뢰로 선뜻 계약에 나선다.

세일즈를 위해 제품 소개도 필요하지만 그보다 더 중요한 것은 이처럼 신뢰감을 주는 인간적인 매력을 발산하는 것이다.

그렇다면 그런 매력은 어디서 나올까. 세일즈맨들은 고객을 사랑하는 마음에서 인간직인 매력이 니온다고 말한다.

따라서 세일즈맨들은 예의가 없다거나 인간적인 매력을 주지 못한다면 고객과 마음을 연 대화가 어렵다고 말한다. 고객의 이성만을 자극하기 때문이다. 세일즈맨이 되기 위해서는 인간적인 매력이 필요하다고 그들은 강조한다. 제품의 지식을 쌓는 것도 중요하지만 일과 고객에 대한 사랑을 통해 인간적인 매력을 만드는 노력이 필요한 이유가 여기에 있다.

세일즈맨이 자신감을 갖기 위해서는 자신이 종사하는 업계는 물론 세계적인 사건 등 여러 분야에 걸쳐서 해박한 지식을 쌓아야 한다. 그래야만 대화를 주도해 나갈 수 있고, 풍부한 화제로 대화를 이끌어갈 때 자신감이 보일 것이다.

성공한 세일즈맨은 고객을 만날 때 언제나 밝은 웃음을 잃지 않는다. 웃음은 하나의 자신감의 표출이기 때문이다

세일즈맨들은 평소에 친절해야 하고 미소를 자주 지어야 한다. 그러나 너무 헤프게 웃지 말아야 한다. 단정한 태도와 흔들리지 않는 눈빛을 지닐 때 자신감이 나타나게 된다.

사실 소극적인 인간이란 에너지가 결여되어 있는 사람이다. 무슨 일에서나 임하는 자세가 늘 현상유지형이다. 샐러리맨의 92~93%의 사람이 이 타입에 들어간다.

여러분은 자신의 행복과 성공을 거머쥘 수 있는 열쇠가 무엇이라

고 생각하는가? 그것은 항상 적극적으로 사물을 생각하고, 스스로 일을 만들어 나가는 자세일 게다.

많은 소극적인 다른 사람들과 똑같이 일하면서 자신의 인생을 개척하고 행복과 성공을 거머쥔다는 것은 무리이다. 남보다 많은 수입을 올리고, 남보다 많은 행복과 성공을 거머쥐려면 스스로 적극적인 인간이 되어야 한다.

오로지 한번뿐인 인생은 돌이킬 수도 없고 다시 살 수도 없다. '인생은 혹독한 자신과의 싸움' 인 것이다. 싸움에 반드시 이길 각오로 진지하게 맞서보지 않겠는가? 이런 적극적인 자세가 긴장감을 누르고 자신의 의견을 당당히 말할 수 있는 자신감으로 이어질 것이다.

06

자신에게 투자하라

아무도 대신할 수 없는 나만의 달란트를 계발하라

수많은 세일즈맨들이 정상에 오르지 못하고 중도하차하는 이유는 '나는 세일즈맨이니까 세일즈에 대해서 모르는 게 없다.'고 착각하기 때문이다. 고객에게 다가서기 위해서는 고객들보다 더 열심히 세상의 변화에 대해서, 세상이 돌아가는 데 대해서 공부하고 연구해야 한다. 변화에 발맞추어 기량을 닦지 않고 자신의 경험만 믿고 기존의 방식대로 세일즈를 하면, 경험을 강조하다가 실패한 힐러리처럼 '또 그 나물에 그 밥'이라는 구태의연한 태도만 지적당할 뿐 결국엔 실패한 세일즈맨이 된다.

선진국형 세일즈맨이 되려면 시시각각 달라지는 지식들을 다양하게 받아드려 내공을 쌓고 세일즈에 적합한 이미지 관리에 게을리 해서는 안 된다.

세일즈를 잘 하려면 자신이 하고 있는 일에만 맞추는 굳어진 이미지만 만들 것이 아니라 자신이 하고 싶은 일에 자신을 변화시키는 신선한 이미지를 만들어야 한다.

변화하는 시장에 관한 분석과 고객을 설득할 수 있는 대화 수준은 세일즈맨에게는 중요한 자산이다. 따라서 이미지 관리와 전문성을 발휘할 수 있는 공부에 아끼지 말고 자신을 투자해야 한다.

:: 자신에게 투자할 줄 알았던 오바마

오바마는 사회생활을 처음 시작한 후 얼마 안 돼 절망적인 환경에 직면하자 곰곰이 자신의 정체성과 장래에 대해서 진지하게 고민했다. 그리고 자신이 할 수 있는 일이 무엇인지를 깨닫고 곧바로 워싱턴이 인접한 미국 동부로 진출했다. 오바마는 바로 변호사 시험 준비에 돌입해서 그해 변호사 시험에 합격했다. 오바마는 자신에게 가장 적합하고 자신 있는 분야가 정치라고 생각하고 정치의 기본이 되는 미국인들의 바람과 희망에 대해서 철저하게 조사하기 시작했다. 이를 위해 그는 되도록 많은 사람들을, 가급적 다양한 계층의 사람들을 만나 그들의 바람과 희망을 듣기 위해 수많은 대화를 나눴다. 각양각색의 미국인들과의 대화를 통해 오바마는 변화하는 세계를 알게 되었고, 변화하는 세계에 맞게 자신이 해야 할 일이 무엇인지를 확실히 깨닫게 되었다. 무엇보다도 미국인들의 바람은 21C형 뉴프런티어즘을 재현하는 것이었다. 세계의 중심이었던 미국이 어느새 세계 경제

위기의 주범이 되고, 도덕성에 치명적인 상처를 입는 등 미국인의 자존심에 상처를 입는 일이 많아지면서 200년 전의 청교도정신과 1960년대의 프런티어즘을 재현해 주기를 미국인들이 간절히 바란다는 것을 알게 되었다. 문제는 이 무거운 주제를 급변하는 글로벌 시대에 맞게 탄력적으로 수용해 새로운 미국의 희망을 선언하는 것이었다.

세상은 너무나 빨리 변해서 어제 통하던 일도 내일이면 쓸모 없는 휴지조각이 되곤 한다. 따라서 세일즈맨들은 고객의 뒤만 쫓다가는 영원히 세일즈의 프로는커녕 2류 세일즈맨에도 도달하지 못한다.

오바마는 변하는 시대를 살아가는 국민을 앞서기 위해서 어느 누구보다 더 열심히 다양하게 공부하고 경험했다.

:: 내가 아니면 할 수 없는 나만의 능력을 계발하라

일본인 컨설턴트 야마모토 신지가 쓴 《일근육》이란 책이 있다. 일도 비즈니스도 근육이 붙어야 한다는 요지의 책이다.

"자격증이다, 영어 실력이다 하는 남들이 다 하는 얄팍한 스킬을 쫓아가지 마라.(중략) 정작 현업에서 필요로 하는 건 백과사전적 지식이나 스킬이 아니라 그 사람이 아니면 할 수 없는 능력이다. 그렇게 남들과 당신을 구분 지을 수 있는 차별점을 가지지 않고는 당신이 갖고 있는 지식이나 스킬, 커리어는 5년도 못 가 쓰레기가 되고 말 것이다. 당신이 꼭 키워야 할 것은 20년 후에도 당신의 생존을 책임질 수 있는 '일근육'이다."

비즈니스 현장이나 직장에서 꼭 필요한 투자는 자신이 평생 먹고 살 수 있는 실전에 적용이 가능한 자신만의 지식을 쌓는 일이다. 자신이 하는 일이 영업이라면 영업에 필요한 실전 노하우를 쌓을 필요가 있고, 연구직에 종사한다면 자신이 연구하는 분야의 최고 지식을, 금융업으로 생업을 해결한다면 최신 금융정보로 단단히 무장할 필요가 있다. 무엇보다도 회사에서 제공하는 기초적인 매뉴얼만 달달 외워 얻게 된 기본적인 모범답안만으로는 변화하는 고객의 요구에 적절히 대응할 수가 없다. 당신이 보험FC라면 보험에 관한한 고객의 어떤 질문이라도 다 소화할 수 있어야 하며, 당신이 투자회사의 금융 컨설턴트라면 TV 뉴스에 나오는 전문가의 최근 금융정보 정도는 우습게 알 정도로 자신만의 따끈따끈한 비밀정보를 고객을 위해서 항상 준비하고 있어야 한다. 현장에 필요한 자신을 위한 투자는 이렇게 즉각 실전에 활용할 수 있는 최고의 비기(秘器)를 나름대로 쌓는 과정이다.

내 분야에 대해서는 그 누구도 따라 올 사람이 없을 만큼, 내 분야의 얘기로 2박 3일은 쉬지 않고 떠들 수 있을 만큼, 한 권의 책을 쓰고도 남을 만큼, 당신이 없으면 그 회사가 돌아갈 수 없을 만큼 자신을 최고의 상품으로 갈고닦지 않으면 안 된다. 스킬은 기계가 대치하고, 매니지먼트는 시스템이 해줄 수 있지만, 나만이 가진 노하우는 아무도 대신할 수 없을 정도로 만들어야 한다.

지금 당장 내가 하고 있는 투자가 '진정한 전문가로서의 내공을 쌓기 위한 공부인지', '남에게 보여주기 위한 그럴듯한 명함에 급급한 것인지' 스스로에게 물어보고 대책을 강구하기 바란다. 21C가 원하는 인재는 현장에서 자신에게 부여된 업무는 물론이고 그와 관련된 어떤 문제라도 융통성 있게 해결할 수 있는 전방위적 전문가이다. 따라서 실제 업무의 현장에서, 자기 전문 분야에서 내가 아니면 안 되는 무언가를 나는 갖추고 있는지를 진지하게 생각해 보기 바란다. 그리고 그 부족한 부분에 아낌없이 투자하는 사람에게 성공이라는 달디 단 열매가 기다리고 있을 것이다.

07

고객의 경제사정을 속속들이 알라

> 세일즈를 잘 하려면 고객의 지갑사정을 파악하는 훈련
> 부터 하라

오바마는 국민들의 경제 사정, 특히 서민들의 주머니 사정을 어느 정치인들보다 상세히 알고 거기에 맞추어 정책을 개발했다.

세일즈맨이 상대방의 주머니 사정을 모른다면 헛수고만 할 가능성이 높다. 당장 하루하루 살아가기도 힘든 사람에게 고가의 상품을 팔수는 없을 것이다. 특히 보험 등 눈에 보이지 않는 상품은 경제적 여유가 있는 사람을 타깃으로 해야 성공 확률이 높아진다. 따라서 세일즈를 잘하려면 고객의 지갑 사정을 파악하는 훈련부터 해두어야 한다.

경험이 많은 노련한 세일즈맨도 고객의 지갑 두께를 가늠하기란 쉽지 않을 것이다. 우리 옛말에 '떨어진 주머니에 어폐가 들었다.' 는 말처럼 겉모양은 허술하지만 사실은 알찬 사람이 있는가 하면, '명주 잘게 개똥 들었다' 는 말과 같이 겉은 그럴싸한데 실세로는 별 볼

일 없는 사람도 있다. 그만큼 겉으로 봐서는 고객의 지갑 사정을 알아내기 힘들다는 방증이 아닐 수 없다.

겉모습이 그럴싸해서 결혼했는데 결혼하고 보니 건달에 신용불량자였다는 웃지 못할 사건이 끊이지 않을 정도로 타인의 지갑 사정을 파악하기는 어렵다. 그러나 조금만 주의를 기울인다면 고객의 주머니 사정을 체크할 수 있다.

파산 직전의 닛산 자동차를 1년 만에 흑자 기업으로 재탄생시킨 카를로스 곤은 "어떤 불황에도 이겨내는 강한 회사를 만들기 위해서는 목표를 구체적 숫자로 만들고 그 실행을 점검하는 '숫자 경영'을 실천해야 한다."고 주장했다. 즉 수에 강한 사람이 부자일 가능성이 높다는 말이다. 자기가 낼 필요가 없는 데도 찻값을 내려 하거나 조금만 복잡해지면 계산을 못 해 헤매는 사람은 겉보기와 달리 주머니 사정이 좋지 않을 수도 있다. 고급 승용차와 최신 유행 복장을 하고도 그가 수에 약하다면 그 사람은 부자가 아닐 가능성이 높은 것이다.

우리나라에서는 한동안 부자가 되게 해준다는 책들이 줄줄이 출판되어 인기를 누렸다. 그만큼 사람들의 부자에 대한 관심이 높아졌다는 증거다. 그 중 가장 잘 팔린 책들은 부자 습관, 부자 마인드에 관한 책들이다. 세일즈맨들이라면 이러한 책들을 읽어 고객의 주머니를 식별하는 눈을 길러둘 필요가 있다.

긍정적인 사고방식 역시 부자에게는 필수적인 요소다. 고객이 매사에 짜증을 부리고 세일즈맨이 소개하는 상품에 대해서도 부정적으로만 해석하면 그 고객에게 너무 많은 시간을 투자할 필요가 없다. 매사에 부정적인 사람이라면 주머니 사정도 그다지 좋지 않을 것이기 때문이다. 대신 부자들은 물건 사는 데 까다롭고 적은 돈도 절대 허술하게 쓰지 않기 때문에 깐깐하다는 느낌을 줄 것이다. 그리고 물건을 살 때도 가격보다는 품질을 중요시하며 가정을 방문해 보면 오래된 가구를 버리지 않고 사용하는 집들이 많다. 부자들은 소위 장기적 비용을 중요시 한다.

고객이 부자라고 판단되면 이들을 만나기 전에 정확한 데이터와 자료를 준비해야 한다. 부자들은 정확한 사실을 중요시하기 때문이다. 그러나 부자들은 까다롭기는 해도 돈에 철저하기 때문에 중도에 해약을 하지 않아 장기적인 관계가 중요한 금융상품 판매에 있어서 매우 중요한 고객이 될 것이다.

08

고객의 취향에 맞추어라

고객 개개인의 맞춤형 세일즈 전략을 구사하라

세일즈는 고객을 안심시키고 신뢰를 얻어야만 계약을 성사시킬 수 있다. 고객마다 성격과 취향이 다르기 때문에 천편일률적인 방법으로 접근하면 신뢰를 얻기가 어렵다. 따라서 세일즈맨은 고객의 주머니 사정과 함께 고객의 성격도 파악해야 한다. 고객의 성격이 다양하기는 하지만 몇 가지 유형으로 나누어 볼 수 있다.

성격별로 어떻게 대응하는 것이 좋을지 살펴보자.

:: 고객 성향별 맞춤 대응법

첫째, 독선적이고 카리스마가 강한 사람의 유형이다. 이들은 세일즈맨들이 가장 상대하기 어렵고 실적을 올리기도 힘든 부류의 사람들이다. 그러나 이들은 겉보기에 차갑고 무뚝뚝하고 까다로워 보이지만 사실은 매우 이성적인 사람들이다. 이들은 논리적이고 이성적이기 때문에 감성적인 말로 설득하면 통하지 않는다. 이들은 철저한 자료 준비와 짧고 논리적인 말로 설득해야 한다.

또한 이들은 수직적인 인간관계를 선호하기 때문에 상대편을 제압해야 마음이 편하다. 그렇다고 해서 쉽게 제압당하는 사람도 좋아하지 않는다. 따라서 사실에 입각한 강한 논리를 펴야 받아들인다. 상품도 일반적인 이야기는 생략하고 사실적이고 구체적으로 설명해야 좋아한다.

독선적인 사람들은 일단 설득 당하면 자신이 선택한 일에 대한 자부심이 커 다른 고객 소개를 많이 해주고 변덕을 부리지 않아 고객이 되면 거의 중도 해지를 하지 않는다.

둘째, 겉으로 부드럽고 면전에서 아첨하는 사람을 좋아하는 부류의 사람들이다. 이들은 우선 설득하기가 어렵다. 이들은 변덕도 심해 유지율도 낮은 편이다. 그러나 따뜻하고 우호적인 태도로 접근하면 마음이 약하기 때문에 설득이 쉽다. 이들도 인간이기 때문에 자기 마음을 감추고 남들에게 좋은 말을 하느라 스트레스가 많이 쌓여 있다. 마음이 약해 예스와 노를 분명히 못해 손해 본 일도 많을 것이다. 그래서 세일즈맨이 권하는 상품이 자신에게 부적당하다고 느끼면 절대 구매할 의사를 보이지 않을 것이다.

이들은 사람들이 '너를 좋아한다.' 는 말을 면전에 대고 해주어야 한다고 믿기 때문에 남들도 자기에게 그렇게 해주기를 바란다. 따라서 마음에 들지 않더라도 그 사람이 한 일을 면전에서 칭찬하고 인정해주면 의외로 쉽게 설득이 되며 늘 남에게 대접만 해왔기 때문에 조금만 높여주면 인간관계도 두터워진다.

셋째, 인용을 좋아하고 몽상적인 말을 잘 하는 사람들이다. 이들은 대부분 철학적 사색을 즐기는 사람들일 경우가 많다. 따라서 이들에게는 구체적인 말로 설득하면 오히려 거부감을 일으킨다. 이들에게 말을 걸어보면 극단적인 이론을 내세우거나 믿도록 강요해 당황할 수도 있다. 이들은 자기 철학을 강하게 믿기 때문에 아무나 비판을 해대며 욕을 하기도 한다. 이런 고객에게는 세부 사항을 설명하는 것보다 원론적인 내용을 설명해야 설득 할 수 있다.

넷째, 말이 없고 무표정한 사람들이다. 이들은 자신을 강하게 통제하고 감정을 밖으로 잘 표출시키지 않는다. 그러나 가슴속에는 누구보다 강한 열정이 숨어 있다. 이들은 부끄러움을 많이 느끼기 때문에 자신의 감정을 숨겨 사람들과 어울리지 못하고 외롭게 지낸다. 그런데도 남들이 접근하면 거리감을 두며 자신의 신념이 확고하기 때문에 타인이 가까이 오면 경계한다. 따라서 이들에게 접근할 때는 스텝 바이 스텝으로 천천히 다가가야 한다.

다섯째, 외향적이고 감각적인 사람들이다. 이들은 패션 센스가 있고 현실에 만족하는 편이다. 이들은 자기애(愛)가 강하기 때문에 다른 사람들이 자신을 어떻게 보든지 상관하지 않는다. 이 사람들에게는 다른 사람들은 오로지 자신이 원하는 욕구를 채워주는 사람들일 뿐이다. 따라서 이들은 의심이 많아 남을 잘 믿지 않는다.

이들에게는 현실적인 케이스를 예로 들어 설명해야 귀를 기울인다. 그리고 그 상품이 당사자에게 얼마나 유리한 것인지에 초점을 맞추어 설명해야 관심을 갖는다.

여섯째, 외향적인 리더형들이다. 이들은 항상 새로운 것을 찾아내며 자기 분야에서 두각을 나타낸다. 이들은 대부분 현재보다는 미래를 중시하는 미래지향적인 사고방식을 가졌기 때문에 세부적인 설명보다 최종 결과에 관심이 많다. 이들은 대형 프로젝트에 익숙해 전체 그림을 중시하기 때문에 실제로 자기가 일할 때도 세부사항은 생략하는 일이 많다. 따라서 이들을 설득하려면 새롭고 흥미 있는 주제를 선택해야 한다. 이들에게는 "당신이 이 상품을 사는 것은 당신이 남보다 세상 보는 안목이 높기 때문이다."라는 말이 잘 통한다. 이들은 미래를 중시하기 때문에 상품에 대한 관심이 그 누구보다 높은 사람들이다.

이처럼 고객의 유형을 잘 파악하고 그에 걸 맞는 설득을 하면 세일즈가 한결 쉬워질 것이다.

09

싫은 사람일수록 칭찬을 아끼지 말라

싫어하는 사람을 내 편으로 만드는데 칭찬만큼 좋은
것은 없다

세일즈맨들이 누구에게나 칭찬할 수 있다면 성공은 저절로 다가올 것이다. 특히 마음에 들지 않는 사람을 칭찬해서 내 편으로 만들면 그 효과는 배가 될 것이다.

오바마는 적대관계에 있을 때에도 힐러리에 대한 칭찬을 아끼지 않았다.

좋아하는 사람에게 좋은 말을 하는 것은 누구나 할 수 있다. 싫은 사람에게 칭찬할 수 있는 사람이 프로다. 칭찬은 상대편을 인정하고 존중한다는 의사 표현이다. 그 때문에 싫어하는 사람을 내 편으로 만드는 데 칭찬만큼 좋은 것은 없다.

2008년 H백화점에서 판매왕에 오른 정이사에게 한 기자가 세일즈의 비결을 물었다.

정이사는 한참을 생각에 잠겨 있다가 숨겨뒀던 꿀단지를 꺼내 놓듯이 한 마디 한 마디를 천천히 읊조리듯 말했다.

"저는 고객들에게 늘 '잘 어울린다' 는 말을 진심으로 했답니다."

고객의 입장에서 생각해 보면 정이사가 판매왕에 오른 이유는 의외로 간단한 데에 있음을 알 수 있다. 바로 내가 판 상품이 고객에게 잘 어울렸을 때 진심으로 '칭찬을 아끼지 않았다' 는 점이다. 이렇게 정이사는 고객에게 "잘 어울린다."는 말을 늘 입에 달고 살았던 것이다.

칭찬은 하는 사람이나 받는 사람 모두가 기분이 좋아지는 말이다. 그래서 쇼핑의 윈−윈전략으로 칭찬만한 것도 없다. 즉 점원은 손님을 칭찬해 주므로 손님에게 상품을 팔 수 있고, 손님은 점원을 칭찬해 주면 상품을 싸게 살 수 있는 것이다. 그만큼 칭찬은 서로에게 손해날 일이 하나도 없다. 그야말로 최고의 마케팅 전략이자 알뜰 구매 전략인 셈이다.

필자가 아끼는 후배 중에 친구 사귀기에 귀재인 후배가 하나 있다. 이 친구는 단 한번을 만난 사람과 모두 친구를 맺곤 한다. 무엇보다도 사람에 대한 깊은 애정과 인맥 형성에 욕심이 많은지라 무슨 무슨 형도 되고 누구 누구 누나도 된다. 그 친구가 한번 사귀기로 결정한 사람 중에 친구가 되지 않은 사람을 별로 본 적이 없다. 그런데 가만히 보니 후배의 친구 사귀기의 비결은 바로 아낌없는 칭찬에 있었다. 어쩌면 그렇게 상대에 대해 깍듯하게 칭찬을 하던지 과연 상대가 그렇게 훌륭한 인격을 지닌 사람인가 하는 의구심이 들 정도였다.

칭찬은 특히 기본적으로 인격이 훌륭하거나 천성적으로 낙천적인 사람이 아니면 쉽게 할 수 있는 성질의 것이 아니다. 무엇보다도 상대방의 장점을 발견했다고 해서 그 자리에서 칭찬을 할 수 있는 사람은 그리 흔치가 않다. 제대로 칭찬할 줄 아는 사람은 상대의 결점을 찾기 전에 상대만의 인간적 아름다움을 발견할 줄 아는 사람이다. 그래서 그는 상대에게는 더 이상 미워할래야 미워할 수 없는 존재가 되는 것이다. 아름다운 대화는 기분 좋은 칭찬으로 훈훈한 인간미가 풍기는 격조 높은 자리의 대화이다. 상대에게 하는 기분 좋은 칭찬은 상대방이 더욱 신나게 이야기를 하도록 부추긴다. 대화에 조금이라도 상대를 비판하는 부정적인 기운이 남아 있다면 그만큼 상대를 칭찬해 주어라. 칭찬은 부정적인 분위기를 중화시켜주는 대화의 특효약이다.

:: 싫은 사람을 내 편으로 만드는 확실한 비결은 칭찬이다

수많은 학자와 종교인들은 한결같이 "미소를 지으며 마음을 다해 칭찬하면 돌부처도 돌아앉는다."고 주장한다. 사람의 마음에는 기가 통하기 때문에 내가 싫어하면 상대편도 나를 싫어하고 내가 좋아하면 상대편도 나를 좋아하게 마련이다. 따라서 싫은 사람을 칭찬하면 그도 머지않아 나를 좋아하게 될 것이다. 싫은 사람이 칭찬을 해주면 적개심을 가진 사람에게 칭찬 받았다는 안도감과 그동안 자기 혼자서 상대편을 싫어했다는 죄책감을 동시에 갖게 된다. 또한 보이지 않는 곳에서 싫은 소리 하는 사람이 많으면 저주를 받아서 될 일도 잘 안 된다. 예로부터 사람들이 남의 입에 오르내리는 것을 싫어하는 이유도 그 때문이다.

반면에 사람들이 내가 보지 않는 곳에서 칭찬을 많이 하면 나에게 좋은 기가 많이 모아져서 어려운 일도 저절로 풀린다. 미신 같은 말이지만 수많은 종교인들과 학자들이 말이 품는 독기와 축복에 대해 이미 많은 연구 결과들을 내놓았다.

그러나 아무리 프로라도 칭찬의 말을 미리 준비하지 않으면 자기도 모르게 칭찬 대신 비난을 해버릴 수도 있다. 따라서 세일즈를 잘 하려면 그런 일이 생기지 않게 칭찬의 말을 미리 준비하고 그것이 입에 배도록 연습해 두어야 한다.

칭찬은 입에 배지 않으면 엉뚱한 곳에서 펑크를 내게 된다. 따라서 칭찬은 내용을 만드는 것도 중요하지만 부지런히 연습해서 자기 것으로 만들어야 한다. 쑥스럽더라도 초면과 구면, 까다로운 사람, 쉬운 사람을 따지지 말고 칭찬을 아끼지 말아야 한다. 그리고 칭찬은 주저하지 말고 즉각 하는 것이 좋다. 칭찬은 망설이면 퇴색되어 버린다.

10

상대에게 절대적인 신뢰를 얻어내라

신뢰를 얻지 못하면 어떤 말을 하여도 사람들의 동의를 얻을 수 없다

우리들이 살아가는 가운데 가장 행복한 순간이라고 할만한 순간은 어떤 순간을 말할까? 사랑하는 여인과 데이트하는 순간, 아니면 마침내 결혼식장에서 많은 사람들로부터 축복받는 순간일지도 모른다. 그러나 그 순간들 보다 더 행복한 순간은 서로가 진정 마음으로 믿는 그런 순간이 아닐까?

세일즈맨은 상품을 팔기 위해서 고객이 상품이나 자신의 회사, 또는 자신을 완전히 신용할 수 있도록 만들지 않으면 안 된다.

고객은 세일즈맨이 어떻게 말하느냐에 따라 신용하는 정도가 달라지기 때문에 고객의 신용을 얻게 된다면 이미 세일즈의 반은 성공했다고 할 수 있다. 반면 신용을 잃었을 경우에는 일찌감치 물러서야 한다. 신용이란 망망대해에서 불을 밝히는 등대와 같아서 한 번 잃으

면 회복하기 힘들다.

:: 말하는 사람의 진심이 담겨야 신뢰할 수 있다

대화의 수준은 말하는 사람의 진심에 달려 있다. 말하는 사람의 화술이 조금 달려서 어눌하게 상대에게 말한다 할지라도 그 말에 진심이 담겨 있다면 상대는 화자의 의도를 제대로 알아들을 수 있다. 그리고 그 대화는 나름대로 성공한 대화라 할 수 있다. 하지만 아무리 화법이 뛰어난 사람일지라도 자신의 욕심이 개입돼 교언영색(巧言令色)으로 점철된 말이라면 상대는 금방 말하는 사람의 의도를 파악하고 그에 대해 경계하려는 말투로 나올 것이 당연지사이다. 물론 처음 한두번은 말하는 사람의 의도대로 따라갈 수도 있겠지만 상대가 속았다는 느낌을 받았다면 더욱 큰 불신의 벽만 쌓고 말 뿐이다. 보험설계사는 보험 상품을 판매하여 실적을 올리는 것이 주된 임무다. 보험설계사의 실적이란 더 많은 고객을 확보하는 일일 것이다. 하지만 '좀 더 많이 팔아야지' 하는 마음이 급급해 상품을 팔 때는 확실히 한계가 있다. 이 상품으로 인해 분명 고객의 삶의 질이 향상될 수 있다는 당당함이 있을 때 결과는 크게 달라질 것이다. 실적을 올릴 수 있는 열쇠는 의외로 단순하다. 그것은 바로 따뜻한 마음에 있다. '몇 개를 더 팔아야 하는데'가 아닌 사람의 마음을 움직이는 데 있다. 내 이익을 위한 것이 아니라 상대방을 위한 것임에 당당할 때 설득의 길이 열린다.

:: 성공하는 세일즈맨은 고객에게 신뢰를 주는 사람이다

신뢰란 무엇인가? 신뢰란 고객에게 상품에 대한 믿음을 주는 것이며 따라서 선뜻 구매를 결정하도록 하는 것이다.

신뢰관계를 형성하기 위해서는 무엇보다 약속을 잘 지켜야 한다. 어떠한 경우에라도 신뢰에 금이 갈 수 있는 약속을 해서는 안 되며 또 한 번 한 약속을 파기해서도 안 된다. 철저한 '기브 앤드 테이크'의 상호교류가 성공을 결정짓는 핵심이다.

어떤 사람이 갑작스레 친구를 찾아가서 40만원을 빌려달라고 부탁했다. 친구는 오랫동안 연락이 끊겼던 그에게 돈을 빌려줄 것인가 잠시 망설이다가 얼마 되지 않은 돈이었으므로 빌려주었다.

그는 돈을 갚기로 약속한 날 어김없이 빌려간 돈을 갚으러 왔다. 그리고는 이번에는 자기의 사업에 대해 열심히 설명하더니 400만원을 빌려달라고 부탁하는 것이었다.

친구는 일전의 약속도 지켰으므로 그를 전적으로 신뢰하고 400만원이라는 적지 않은 돈을 빌려주었다.

그러나 약속한 날에서 몇 달이 지나도 그는 다시 찾아올 줄을 몰랐다.

만약 이 경우에 그가 다시 400만 원의 돈을 이자와 함께 정확히 가져왔다면 그 다음에는 다시 몇 천만 원의 융통도 가능했으리라.

인간사회에서는 신용이 실천의 가장 중요한 동기이다. 네덜란드 속담에 "가장 믿을 만한 현금은 신용이다."라는 말이 있듯이 이 경우에서도 신용은 곧 현금화시킬 수 있는 것이었다.

상품을 판매해야 하는 세일즈맨에 있어서는 신용과 신뢰관계를 유지하는 일이 가장 중요하다. 약속, 특히 고객과의 약속을 가볍게 생각하는 사람은 장기적으로 보았을 때 세일즈에서 성공하지 못한다. 고객은 세일즈맨의 태도와 말에서 신뢰감을 얻게 되면 기꺼이 부탁에 응한다. 일단 신용과 신뢰를 담보로 고객에게 나를 인식시켜야 한다. 고객과 신뢰관계가 형성되기만 하면 장기적인 판매 신장을 가져올 수 있다.

8

변화의 시대를 성공으로 이끄는
6가지 성공 마인드

01

변화를 적극적으로 수용하라

21세기 성공인의 유전자는 말하지 말고 바로 행동하는
동사형 인간이다

변화를 수용한다는 것은 변화를 받아들인다는 뜻이다.

미래의 리더가 될 지도자나 현재의 리더들은 변화를 받아들일 뿐
만 아니라 장차 변화를 적극적으로 지지자들에게 전파할 준비가 되
어있어야 한다. 리더는 변화를 주도해야 할 뿐 아니라 마음속으로 거
부하는 변화의 어떤 부분이 있더라도 조직이 결정한 변화는 받아들
이고 이해해야 한다.

:: 변화는 앞서가는 자의 본능이다

대부분의 사람들은 본질적으로 변화에 거부감을 나타낸다. 그것
이 바람직한 것일지라도 저항이 생기는 경우가 많다.

사람들이 변화를 두려워하는 것은 본질적으로 미지의 세계에 대한

두려움이 있고, 불확실성에 대해서 어떻게 반응해야 할지 모르기 때문이다.

많은 사람들이 자신에게 변화가 가져올 새로운 임무를 수행할 능력이 없다고 믿을 수도 있고, 또는 애당초 변화를 도입해야 할 이유를 깨닫지 못하는 경우도 있다.

그러나 변화의 타당성을 누구보다도 빨리 깨닫고 수용하는 자가 시대를 앞서가는 자이며, 그런 자만이 개척자이며 성공자라고 할 수 있다.

미국의 경제전문지 〈포춘Fortune〉은 최근 잭 웰치의 경영방식이 구시대의 유산이라며 변화하는 세계화 시대에 걸맞는 새로운 경영 패러다임이 절실히 요구된다는 논지의 기사를 내보냈다. 그러면서 잭 웰치의 경영방침에 조목조목 반박하며 새로운 경영원칙을 제시한 '안티 잭 웰치 경영전략' 을 내놓았다.

우리도 익숙하게 집어들곤 했던 GE의 전설적인 경영자 잭 웰치의 경영방식이 낡았다며 불과 한 세기만에 구식으로 내몰리는 세계 경제 상황을 지켜보며 과연 어디까지 변해야 살아남을 수 있는지 세계 경제 변화의 급격한 흐름에 현기증마저 일 정도이다. 하지만 이처럼 한때는 현대 경영의 고전으로 취급되던 잭 웰치의 경영법이 한순간에 지워져야 할 오래된 미래가 되버릴 만큼 이제 '변화' 는 비즈니스 세계든 조직생활이든지 간에 전가의 보도처럼 명심해야 할 세계인의 지침이 되고 말았다. 자고 일어나면 바뀌는 급격한 변화의 시대에서 살아남기 위해서는 개개인이 변화에 적극 반응하고 스스로를 변화시키지 않으면 안 되는 세상에 우리는 살고 있는 것이다. 변화의 시대에 '이것만이 진리다' 라고 할만한 영원한 성공법칙은 이제 존재하지 않는다. 다만 빠르게 변화하는 시대의 움직임에 얼마나 능동적으로 변화의 포인트를 포착해 스스로 그렇게 변화하느냐 아니냐가 21C형 샐러리맨의 성공 방정식이다.

과거 농경사회에서는 건강한 체력이 성공의 조건이었고, 18,9세기 산업사회에서는 산업사회가 바라는 규범화된 엘리트가 성공인의 표상이었다면 이제 21C 지식정보화사회에서는 카멜레온처럼 변화에 능동적으로 자신을 바꾸는 수평적·탄력적 인재가 성공하는 사람의 조건이라고 할 수 있다. 즉 요즘 말로 디지털로 무장하고 글로벌화된 사고를 지니며 유비쿼터스로 지식을 활용할 줄 아는 창조적 인재가 성공인의 필수조건이라는 것이다.

2007년 삼성그룹 이건희 회장의 신년사는 앞서의 창조적 변화에 능동적으로 대처하는 직장인 상을 제시해 한국 기업들이 모범으로 삼을 만한 변화 컨텐츠를 제공했다.

"우리는 새로운 창조적 혁신의 물결을 맞이하고 있다. 영원한 1등은 존재하지 않고, 여기에는 삼성도 예외일 수 없다. 우리만의 경쟁력을 갖추지 못하면 정상의 발치에서 주저앉을 것이다."

이어서 이건희 회장은 '창조경영' 을 천명하면서, "무에서 유를 만들어내는 것도 창조이지만, 기존 것에서 새로운 것을 발견하는 것 역시 창조다."라고 정의했다.

:: 말하지 말고 바로 행동하는 동사형 인간이 되라

변화를 적극 수용하는 사람은 기존의 습관을 과감히 깨뜨릴 줄 아는 사람이다. 예전에 그랬던 것처럼 이러이러하게 일하는 것에 반기를 들 줄 아는 사람, 지금껏 상용돼 왔던 구태의연한 패러다임을 바꿀 수 있는 용기를 지닌 사람만이 변화의 시대를 주도하며 스스로도 변할 수 있는 성공 유전자를 갖춘 사람이다.

이때 가장 중요한 업무 태도는 바로 '말하지 말고 행동하는' 동사형 인간이 되어야 한다는 것이다.

우리가 지금까지 살아왔던 아날로그 시대에서는 그 분야의 전문가의 경험과 근면성이 따라야 할 실천덕목으로 존중을 받아 왔다. 하지만 유비쿼터스 시대의 디지털화된 인재상은 창조적인 사고와 빠른 실행력을 실천하는 사람들이다. 이들에게 변화하는 시대를 앞서갈 수 있는 유능한 자질을 발견하게 된다. 모든 것이 변하고 역동적으로 움직이는 디지털 시대에 인정받는 인재는 결국 자신만의 창의적인 비전을 현실세계에서 성공적으로 재현해 내는 '글로벌 디지털 실천가' 이다.

조직 내에서 변화에 저항하는 사람들에게 변화를 주도하는 지도자는 변화가 일어나고 있는 이유와 변화에 따른 이익을 설득력있게 제시할 수 있어야 한다. "그래야 회사가 살아남을 수 있다."라고 말할 수 있는 것이다.

그 다음으로는 변화를 실행하는 방법에 대해서는 조직원이나 부하에게 물어야 한다. 그러면 직원은 스스로 변화의 실행에 참여하게 된다.

02

정열적으로 달려들어라

> 성공한 사람과 평범한 사람의 차이는 자신의 일에 대한 정성의 차이이다

성공을 쟁취할 수 있는 사람들은 모두 행동하고 성장하고 향상되려고 열심히 노력하고 있다. 여기에는 이유가 있다.

그들은 반 맹목적인 무엇인가에 채찍질당하며 전진하는 힘을 얻고 있다. 성공이라는 종착역을 향하여 돌진하는 기차에 연료를 공급하고, 숨은 힘을 끌어내는 것. 그것은 정열이다.

프로 야구에서 이미 명성을 얻은 스타 플레이어들도 정열이 있기 때문에, 마치 첫 시합에 임하는 신인 선수처럼 2루 베이스를 향하여 헤드 슬라이딩을 한다.

카네기와 같은 인물의 행동이 많은 2류 경영자들 사이에서 두드러지는 것도 정열 때문이다.

컴퓨터 부문의 과학자는 정열에 불타고 있기 때문에, 오래고 끈질

긴 연구에 의하여 마침내 비행사를 대기권 밖까지 왕복시키는 과학의 대약진을 이룩했다.

미완의 사업가가 밤늦게까지 또는 새벽부터 일에 전력을 쏟는 것도 정열의 힘 덕택이다.

정열은 인생의 힘과 활력과 의미를 부여한다. 위대해지고 싶다는 정열이 없으면 위대하게 되지 못한다. 운동 선수든, 예술가나 과학자든, 자녀를 가진 부모든, 혹은 사업가든 그것은 마찬가지이다.

:: 성공한 사람은 자신의 일에 최선을 다한다

성공한 사람과 평범한 사람의 차이는 자신의 일에 대한 정성의 차이이다. 무슨 일을 하든지 자꾸만 실패만 일삼는 사람이라면 한번쯤 자신의 행동을 꼼꼼하게 점검할 필요가 있다. 대개 이런 사람들은 남 탓을 하거나 노력도 하지 않고 운을 탓하는 경향이 많다. 자신의 일은 대충 대충 하면서 '운대가 안 맞았다' 고 태평한 소리나 늘어놓는 사람이라면 그 운은 결코 당신에게 윙크를 하지 않을 것이다. 자신이 하는 일이 조그만한 것 하나라도 제대로 성과를 내고 싶다면 지금부터라도 대충 하는 당신의 일하는 태도부터 고쳐라. 실패하는 사람들이 곧잘 입버릇처럼 말하는 '하늘의 뜻에 맡긴다' 는 의미도 당신이 정성을 다하고 나서 그렇게 해야 하는 것이다.

정소년늘의 캐수얼복에 관심이 많았던 내 친구 J는 얼마 전부터 인터넷 쇼핑몰에서 캐주얼복을 팔고 있었다. 그런데 왠일인지 J를 찾아갈 때마다 그녀는 울상을 지으며 장사가 너무 안 된다고 푸념만 늘어놓았다. 그런데 가만히 이 친구가 운영하는 쇼핑몰에 들어가 보면 왠지 잘 나가는 타사의 쇼핑몰과는 비교가 안 될 정도로 모든 게 무난하고 특징이 없었다.

"이렇게 악을 쓰고 하는 데 반품만 늘어나니 정말 경기가 안 좋긴 안 좋은가 봐."

이런 J의 푸념에 나는 참지 못하고 한 마디 불쑥 내뱉고 말았다.

"야, 쇼핑몰에 좀 신경 써봐. 이건 뭐 캐주얼복 품목도 다양하지 않고, 좀체로 아이들이 관심을 가질 만한 내용이 없잖아. 상품소개 사진은 왜 또 그렇게 후줄근하게 찍었니. 내가 학생이라도 다신 안 들어오겠다. 얘."

그랬더니 J는 자기는 하루 종일 정신없이 쇼핑몰 사업에 매달리는 데 이렇게 안 돼서 속상하다고 했다. 하지만 내가 보기에 J는 그냥 다른 일이 없어서 그 일을 하는 것 뿐이었고, 소위 가장 신경써야 할 '정성을 다하는' 태도는 찾아볼 수 없었다. 한마디로 열정이 없었다.

반면에 소위 잘 나간다는 캐주얼복 쇼핑몰에 들어가 보니 학생들이 혹 할만한 멋진 옷들이 요즘 잘나간다는 청춘 스타의 맵시 있는 옷차림 사진으로 제공되고 있었다. 여기에 어디서 구했는지 학생들이 매치시켜 입을 만한 옷들을 다양하게 연출해 놓았다. 그야말로 학생들이 그 옷을 사지 않고는 못 견디게 세세한 것까지 신경을 쓴 정성드린 연출이 돋보이는 쇼핑몰이었다.

:: 성공한 사람들은 생활의 작은 부분에서 아이디어를 얻는다

한 분야에서 대가(大家)를 일군 사람들의 이야기를 들어보면 생활의 작은 부분에서 아이디어를 얻어 이를 정열적으로 계발한 이야기들이 꼭 등장하곤 한다. 가령 국내에 수요가 없는 인조밍크 담요를 이슬람 시장으로 눈을 돌려 중동에 가서 비싼 가격으로 팔아 성공을 했다든가, 러시아인의 필요에 맞는 전자렌지를 만들어 선풍적인 인기를 올린 모가전회사의 아이디어 상품 등은 다 그 상품을 필요로 하는 사람들의 욕구를 확실히 충족시켜 준 아이디어 성공 사례라고 할 수 있다. 이런 사례는 무궁무진하다. 누구나가 먹는 보쌈을 좀 더 특이하게 먹을 수 있도록 직화구이로 보쌈을 먹도록 한다든지, 집에서 늘 먹던 두부를 각양각색의 색동두부로 만들어 여기에 갖은 채소를 곁들여 쌈처럼 싸먹을 수 있도록 해 건강을 생각하는 여성과 중년층을 겨냥한 히트 상품으로 탈바꿈시킨 사례 등이 생활의 아이디어를 적극적으로 활용한 사례들이다. 성공한 사람뿐만 아니라 개개인의 생활에도 아이디어는 끊임없이 필요하다. 하다 못해 내 마음을 빼앗아가버린 그 사람을 내 애인으로 만들기 위해서도 얼마나 획기적인 아이디어가 필요하던가.

사람들은 일을 성공시키는 아이디어는 어딘가 특별한 사람한테서

나온다고 생각한다. 그러나 보쌈고기에 숯을 구을 시도를 하고, 두부에 색을 입혀 야채와 쌈 싸먹도록 하는 지혜는 특별한 사람들이 만든 것이 아니다. 여기서 중요한 것은 특별한 아이디어가 아니라 자신이 하는 일에 정성을 들일 줄 아는 정열적인 삶을 살아야 한다는 점이다.

"징기스칸에게 열정이 없었다면, 그는 평범한 양치기에 불과했을 것이다."

최근 장안의 화제가 됐던 모 드라마를 보다가 잠시 TV 광고에 나온 이 카피를 보고 필자는 오랜만에 제대로 된 광고를 보는 듯한 뿌듯한 감정에 빠졌다. 광고카피마냥 우리에게 낯익은 대륙을 포효하며 질주하던 징기스칸도 '세계를 지배하겠다' 는 열정이 없었다면 과연 TV에 나오는 것과 같이 한낱 양떼지기에 불과하지 않았을까.

우리가 인생을 살아가는 데 있어서 열정은 대단한 힘을 지닌다. 무엇보다도 비즈니스 세계에서 열정을 가진 세일즈맨과 그렇지 않은 세일즈맨은 업무에 임하는 태도나 성과 면에서 월등한 차이를 보인다.

열정은 절망마저도 이겨내는 대단한 힘을 가지고 있다. 열정으로 자신의 일에 매진하는 사람은 자부심이 넘쳐나 어깨는 힘이 들어가 있으며 눈에서는 집념에 불타는 열정의 광채가 빛난다. 이들은 그저 자신이 좋아서 "내 일은 내가 최고이며, 내 일은 예술이며, 내 일은 프라이드 그 자체이다."는 소신을 갖고 자신의 일에 불꽃을 태운다.

열정에 사로잡힌 이들은 자신의 일에 신명을 바쳐 스스로 목표 이상의 목표를 달성하는 데 익숙해 있다. 열정의 소유자들이 모인 조직은 하고자 하는 열의나 업무에 임하는 자세부터가 남다르다. 스스로 불타오르고 스스로 목표를 향해 매진하는 그들은 꿈과 현실을 하나로 일치시키는 육체적 정신적 이상을 향해 힘차게 자신을 불태우는 사람들이다. 21C 성공하는 사람들의 목록엔 바로 이 열정으로 불타오르는 사람들이 가장 앞선 자리를 차지할 수밖에 없다. 왜냐하면 성공의 조건의 가장 우선적인 자세가 바로 '열정으로 자신의 일에 최선을 다하는' 사람들이기 때문이다.

03

비전을 가져라

> 좋은 비전은 미래에 대한 꿈과 현실감각이 적절하게
> 균형을 유지하고 있을 때 나온다

비전이란 무엇인가?

이것은 여러 가지 측면으로 이야기할 수 있다.

첫째, 비전은 목표지향성과 방향성을 갖고 있다.

둘째, 비전은 일상적인 업무를 뛰어 넘는 것이다.

셋째, 그것이 제시된 다음부터는 행동으로 옮겨져야 한다.

그렇다면 좋은 비전은 어디서 나오는가?

좋은 비전은 미래에 대한 꿈과 현실감각이 적절하게 균형을 유지하고 있을 때 나온다.

비전이 지나치게 환상적이면 사람들은 그 비전을 잘 믿지 않지만, 적당히 환상적이면 사람들은 흥분하게 된다. 오바마의 "반드시 우리는 변화할 수 있다."는 말은 어느 정도 환상적이라고 할 수 있다. 그래서 많은 미국 국민들이 흥분한 것이다.

성공의 가능성이 있는 비전을 세우기 위해서는 올바른 전략을 수립해야 한다.

저명한 미국의 기업전문분석가들이 주목하는 벤치마킹하고 싶은 기업 중 하나가 바로 디즈니이다.

디즈니의 창업자인 월트 디즈니는 디즈니 성공의 비법에 대해서 이렇게 말한다.

> "사람들은 모두들 디즈니의 눈부신 성공에 의아심을 품곤 한다. 무엇이 그토록 훌륭한 세계적 기업으로 디즈니를 성장시켰는지 알 수가 없다는 의구심 가득한 눈으로 우리 회사를 바라보는 사람들이 많다. 진정 디즈니 성공의 비밀을 알고 싶은가? 우리의 성공 비결은 우리가 한번도 돈을 벌려고 노력한 적이 없다는 것이다. 우리는 다만 고객들에게 행복을 팔려고 노력했을 뿐이다."

이처럼 디즈니의 성공 뒤에는 모든 직원들이 공유하는 그들만의 비전이 있었다. 그 비전은 아무나 흉내낼 수 없는 그들만의 멋진 신세계였다. 이 비전을 다른 기업들은 아무리 흉내내려 해도 되지 않았을 것이다. 겉으로 드러나는 회사 경영 시스템이나 인사관리, 서비스 방법 몇 가지를 흉내낸다고 해서 그 회사가 될 수는 없는 것이다. 비전은 직원을 감시하고 관리하지 않아도 직원들 스스로 그 비전에 만족하고 비전을 공유할 때 그보다 큰 회사의 성공요인은 없는 것이다.

비전을 이루기 위해서는 어느 정도 희생과 고통을 감수해야 한다. 오바마는 비전을 이루기 위해 고액 연봉을 받는 변호사를 택하지 않고 인권 변호사의 길을 택했다.

비전은 우리가 나아갈 방향을 알려주고 집중하도록 도와주는 역할을 한다. 따라서 자신이 나아갈 목표를 올바로 정하고 끊임없이 노력한다면 오바마처럼 결국 목적지에 도달하게 될 것이다.

:: 비전은 오늘의 노력으로 미래를 달성하려는 사람의 자세

비전이라는 단어는 주로 꿈, 목표, 희망 등의 개념으로 사용되곤 한다. 여기에 비전의 정신적 의미를 개입해 보면 보이지 않는 미래를 오늘의 노력으로 달성하는 사람의 자세라고 할 수 있을 것이다. 목표는 멀리 높게 두되, 오늘의 노력이 뒷받침해 주지 않는다면 끝내 보이지 않는 것으로 그칠 것이다.

21C 불확실성의 시대에 성공적인 비전을 실현하기 위해서는 단순히 '열심히' 만 해서는 원하는 목표에 이를 수가 없다. 비전은 자신이 이루고자 하는 자리를 향해 구체적이고 확실하게 가는 과정이다. 비전이 높은 사람은 자신의 열정을 아무렇게나 여기저기 소진하지 않는다. 비전이 높은 사람은 '목적' 은 있으나 '목표' 가 불확실한 사람

과는 달리 자신이 가고자 하는 길이 뚜렷한 사람이다. 비전이 높은 사람은 자신의 목표를 정확하게 설정하여 그 목표를 향해 집중하고 선택하면서 보다 효과적으로 자신의 이상을 향해 차근차근 성실하게 한발 한발 내딛는 사람이다.

04

끈기와 꾸준함으로 무장하라

> 좋은 실적을 유지하기 위해서는 꾸준함이 필수이다
> 성실하게 걸어가다 보면 언젠가 나를 외면했던 고객도
> 다시 돌아온다

:: 세일즈는 순발력보다 지구력이 필요하다

　세일즈맨들은 성공한 세일즈맨들이 그 자리에 오르기까지 오랜 세월 기초를 다졌다는 사실엔 주목하지 않는 경우가 많다. 물론 세일즈를 시작한 지 얼마 안 돼 판매왕에 오른 경우도 있지만 대부분 오랜 시간 투자한 결과다. 단기간에 최고에 오른 사람들도 자세히 보면 어린시절부터 성공을 위해 역경과 좌절을 슬기롭게 극복한 삶의 궤적을 갖고 있다. 좋은 실적을 유지하기 위해서라도 꾸준함이 필요하다는 게 프로 세일즈맨들의 지적이다. 성실하게 걸어가다 보면 언젠가 나를 외면했던 고객도 다시 돌아오기 때문이다.

　한 세일즈맨이 모 회사의 임원을 만나 상담을 하려고 했다. 하지

만 비서실에서는 명함만 받아놓고 자리에 안 계시다며 그 임원을 만나지 못하게 했다. 그 세일즈맨은 자신이 방문했음을 알리기 위해 명함을 꼭 두고 나왔다고 한다. 그러던 어느날 비서는 명함을 정리하다가 깜짝 놀라고 말았다. 그 세일즈맨의 명함이 무려 200장이 넘은 것이다. 그는 문전박대에도 불구하고 200여 차례나 방문하여 꼬박꼬박 명함을 주고 갔던 것이다. 이 사실을 알게 된 임원은 세일즈맨의 끈기에 감동하여 그와 만났으며 계약까지 하게 되었다고 한다. 이런 열정만 있다면 판매왕으로 성공할 가능성이 한층 높아지는 것이다.

"세일즈는 마라톤이기에 순발력보다 지구력이 필요합니다. 항상 배운다는 자세로 멀리 보고 천천히 뛰어야 성공할 수 있습니다."

자동차 판매왕에 오른 어느 세일즈맨의 말이다.

이 세일즈맨의 말대로 세일즈는 마라톤과 같다. 몇 등으로 결승점을 통과하는 것보다 인내를 갖고 끝까지 완주하는 것이 중요하다. 마라톤에서는 끝까지 완주한 사람에게 모두 박수를 쳐주기 때문이다.

실제 세일즈를 시작하면서 사람들은 우선 가까운 지인이나 친척 가운데 내 고객이 될 수 있는 사람들을 꼽아본다. 평소 폭넓은 인간 관계를 유지했던 경우라면 리스트에 오른 사람의 숫자가 상당히 많을 것이다. 그 긴 리스트를 보면서 머릿속으로 그 해 연말 이미 판매왕이 된 자신의 모습을 상상하며 웃음 지을지 모른다.

그런데 믿었던 이들이 모른 척 하면서부터 좌절이 시작되고 냉정한 현실의 벽에 주저앉고 싶은 마음이 들기도 한다. 믿는 도끼에 발등이 찍힌 듯한 절망감이 밀려온다. 이런 경우 판매왕들은 문제의 핵심을 '그들의 냉정함'이 아니라 '자신의 조급함'에서 찾는다.

재미있는 예를 하나 들어보자.

자석이 있고 그 주변에 쇠붙이가 많다고 가정해 보자. 자석이 쇠를 끌어당기기 위해선 두 가지 중 하나가 필요하다. 쇠의 자력이 강해지거나 쇠붙이가 더 가까이 오거나.

자석은 쇠가 가까이 오지 않는다고 불평하기보다 자력을 키워야 하는 것이다. 그러면 멀리 있는 쇠도 자석에 달라붙게 된다. 세일즈맨 역시 꾸준히 자력을 키워야 하는 자석인 셈이다. 그리고 그 자력이 강해지면 다소 멀리 있던 쇠붙이도 결국 달라붙게 된다.

또한 꾸준히 걸어간다는 말의 이면에는 편법 등에 대한 동원보다 정도를 걷는다는 의미도 담겨 있다. 모든 비즈니스에서 일확천금은 없다. 또한 쉽게 들어온 돈은 쉽게 나간다.

오바마가 대통령에 당선된 것은 순식간에 이루어진 것이 아니다. 인권변호사로 시작해서 주상원의원, 연방상원의원에 이르기까지 꾸준히 활동을 하면서 국민들로부터 신뢰를 얻었기 때문에 가능했던 것이다. 프로 세일즈맨이란 경지에 오른 이들 역시 단번에 연봉 몇억에 도달하는 '일확천금'을 벌 수 있는 비법을 통해 정상에 오르지 않았다. 성실하게 일하는 한편 꾸준함을 갖고 일했던 것이다. 따라서 당장 손해가 좀 나고 일이 힘들더라도 주저앉지 말고 조금씩 세일즈란 수레를 앞으로 굴려야 하는 것이다.

05

작은 일에도 성실하라

자신의 일에 성실한 사람은 누구보다도 자신의 일에 자부심이 강하고 치열하게 목소리를 낼 줄 아는 사람들이다

'넘치는 기쁨' 이란 무엇을 의미하는가? '일에 완전히 전념하고 몰두할 때 나타나는 감정' 이라고 말한다.

당신이 하는 일에 기쁨을 느낄 때, 그 일에 대한 노력은 누구의 지시 없이도 계속된다. 서두르지도 않는다. 주위에 신경 쓰지도 않는다. 순간순간 모든 일이 물 흐르듯 흘러간다. 미래에 대해서도 걱정하지 않는다. 당신 자신과 하고 있는 일 사이에 어떤 구별이 없이 그야말로 일체가 되는 것이다. 이러한 상태가 되면 당신은 더욱 여유를 갖게 되고 정열적이고 새로운 의욕을 느낀다. 당신의 집중력은 배가된다.

당신은 일이 자신과 자신의 세계를 지배하고 있다고 느끼게 된다. 그리고 그러한 경지에서 당신은 행복을 느끼게 된다.

여기에서 다시 한 번 강조하고 싶은 것은 도전할 만한 가치가 있는 일에 최대한의 힘으로 노력하라는 것이다. 그리고 그 일은 당신이 해낼 수 있는 것이라야 한다. 그때 어제 했던 것보다 오늘 더 훌륭하게 일을 하고 있다는 것을 깨닫게 될 것이다.

대개 어떤 일에 대한 집중력은 단 시간에 이루어지지 않는다. 당신이 주위의 산만한 것에 사로잡히게 되면 집중은 불가능하다.

당신은 효과적으로 자신을 다스릴 수 있다. 그 때는 그 일에 기쁨을 가지고 몰두할 수 있게 된다.

먼저 과거 어떤 일에 몰두했었는가를 기억해 보라. 거기에 누구나 다 적용할 수 있는 공통적인 요소가 있다. 그런 요소를 깨닫게 되면 당신은 지금 하는 일에 즐거움을 가지고 전념할 수 있을 것이다.

누구든지 늘 집중된 상태에 있을 순 없다. 또 그렇게 쉽게 그런 일이 있어서도 안 된다. 아무튼 그러한 집중으로부터 얻어지는 쾌감은 얼마동안 지속되기 마련이다.

어떤 일에 몰두한다는 것은 꼭 일에만 한정되는 것은 아니며, 집중력이 필요한 것에는 모두 적용할 수 있다. 그것은 어떤 것에 완전히 전념함으로써 얻어지는 황홀감, 즉 도취감의 상태이다.

간혹 집중력은 스트레스를 일으키는 데 모든 신경이 극도로 예민해져 있기 때문이다. 그러나 그 정도는 오히려 유익할 수 있다.

연구에 의하면 성공자들은 우선 건강이 실패자나 보통사람들 보다 탁월하다.

:: 성실함으로 성공한 사람은 자기 일에 가장 민감한 사람이다

칼럼니스트이자 한스컨설팅 대표인 한근태 씨는 한 칼럼에서 이런 말을 한 적이 있다.

"단기적으로는 누구나 성공할 수 있고, 성공한 것처럼 보일 수 있다. 그러나 중요한 것은 성공의 지속 가능성이다.

쉰을 넘기면서 주변에서 성공한 친구들과 그렇고 그런 친구들을 본다. 성공한 친구들을 보면 하나같이 착실한 사람들이다. 하기로 한 것은 반드시 하고, 대충대충 하지 않고, 치밀하게 생각하고 실천한 친구들이다. 약속시간을 잘 지키고, 사람들에게 성의껏 대하고, 늘 자기관리를 잘한 친구들이다. 성실은 성공을 위한 필수조건이다. 단기적인 성공은 성실함 없어도 가능할 수 있겠지만 장기적인 성공은 성실함 없이는 불가능하다."

자신의 일에 성실한 사람들에 대해서 우리가 갖고 있는 고정된 오해가 바로 '그들은 묵묵히 자기 일만 열심히 하는 융통성이 없는 사람' 쯤으로 치부한다는 점이다. 하지만 필자가 본 성실함으로 성공에 이른 사람들은 우리가 오해하는 것처럼 그저 묵묵히 자기 일만 고집하는 사람들이 아니다. 그들은 오히려 자신의 일에 있어서만큼은 누구보다 자부심이 강하고 치열하게 목소리를 낼 줄 아는 사람들이다. 그들은 여느 직장인들보다도 훨씬 더 융통성도 있고 업무의 고도화를 위해서 타 분야와 연대해 탄력 있게 성과를 낼 줄 아는 사람들이다. 한마디로 자기 일에 그들만큼 최고의 자세로 임하는 사람들도 드물다. 그들은 천성적으로 자기 일에 대해서 천부적인 응용력과 최고의 효과를 내기 위해 가장 유연하게 맡은 일을 처리하는 사람들이다. 그래서 그들은 때로는 현장에서 목청을 높여 싸우기도 하고 업무 효율화를 위해 가장 입에 바른 소리도 잘하는 사람들이다. 그들은 자신의 일에 있어서만큼은 대충대충 넘어가는 법이 없다.

:: 성실한 사람은 스스로 행복해지기 위해 일한다

성실하다는 것은 스스로 자기 자신과 경쟁하는 것이다. 다른 누구의 평가 때문에 성실한 것이 아니다. 스스로와 한 약속에 대해, 자기 자신의 양심에 비추어 정직하고 솔직하게 자신을 평가하는 것이 바로 성실함이다. 남의 탓, 환경 탓을 하는 것은 가장 불성실한 자세다.

성실한 직원은 누가 지켜보든 그렇지 않든 간에 자신의 일에 최선을 다한다. 가령 어느 매장에서 옷을 파는 성실한 직원이 있다고 치자. 그는 사장이 지켜보든 말든 스스로 약속한 원칙에 따라 고객에게 하나라도 더 옷을 팔기 위해 모든 노력을 강구할 것이다. 어떻게 하면 한 개라도 더 옷을 팔 수 있을지, 고객이 이 옷에 대해서 어떻게 하면 더 잘 알 수 있을지, 고객이 매장에 진열된 옷을 어떻게 매력적으로 바라볼 수 있도록 할 수 있을지를 늘 고민할 것이다. 또한 매장 상품에 대해 불만을 토로하는 고객에게 어떻게 하면 흡족해 할 수 있을

지를 진지하게 고민할 것이다. 제품이나 서비스에 대해 고객의 불만이 생겼을 경우에도 이미 팔았으니 '고객센터'로 넘기면 그만이라는 식으로 접근하지는 않을 것이다. DM 등 다양한 채널로 고객에게 "혹시 더 필요한 것 없으세요?" 하고 물어볼 것이다.

그렇다고 해서 이 직원에게 사장이 더 수고했다고 더 많은 월급을 줄 것인가? 그렇든 말든 이 직원에게는 그것이 자신이 가장 행복할 수 있고 보람을 느낄 수 있는 행동이기 때문에 그렇게 할 뿐이다.

성실한 사람은 어떤 이유로든 자신이 현재 하고 있는 그 일에 주도적인 열정을 쏟아 붓는다. 그것이 결국 자신이 행복해지는 길이고, 자기 자신과의 약속을 지키는 길이자, 스스로의 절대 기준과 경쟁해서 이기는 길이기 때문이다.

06

공통점을 찾아라

감성적인 성향이 강한 우리나라 사람에겐 '우리' 라는
연대감은 효과적인 무기이다

이제 지나간 역사의 이야기가 되어 버렸지만, 오바마는 유세 각
지역의 관심사나 주민들의 특징에서 자신과의 공통적인 단서를 찾
아 그것을 잘 활용하였다.

예를 들면 빈곤층이 모여 사는 곳에서는 자신도 어려서부터 매우
가난하였음을 말하곤 하였다.

:: 세일즈에 성공하려면 고객과의 공감대를 찾아라

고객과 세일즈맨의 첫 만남에는 정치인과 주민들 사이의 벽 못지
않은 두꺼운 벽이 있게 마련이다. 때문에 세일즈맨이 상품을 팔려고
하면 고객의 첫 대응은 언제나 회피나 거절로 나타난다. 그러므로 고
객을 처음 방문했을 때 먼저 공감내를 찾는 것이 가장 중요하다. 특

히 우리 사회는 3연(지연이나 혈연, 학연)과 군대, 종교, 취미를 강조한다. 이 중 한 가지라도 고객과 세일즈맨이 연결되어 있다면 의외로 쉽게 연대감이 생길 수 있다.

모 자동차 세일즈맨 J씨가 큰 음식점을 하고 있는 고객을 찾아 상담할 때의 일이다. 그 가게 젊은 사장은 부인에게 차를 사주려고 여러 회사 차량을 알아보고 있었다. 상담을 위해 음식점을 방문했을 때 사장은 다른 회사의 견적을 비교해 본 후 연락하겠다고 했다. 그래서 상담을 끝내고 나오려는 순간 여기서 그냥 가면 사장이 경쟁사 차로 마음을 굳힐 것 같은 직감이 들었다. 사장의 마음을 다시 돌릴 수 있는 방법이 없을까 잠깐 고민하고 있을 때 다른 쪽 방에서 자신의 고향에서나 들을 수 있는 경상도 억센 사투리가 들려왔다. 좋은 기회라는 생각이 들어 J씨는 사장에게 물었다.

"낯익은 목소리가 들리는데 저쪽 방에 계신 분은 누구십니까?"
"저희 어머니이십니다."
"그럼 잠깐 인사만 드리고 가겠습니다."
J씨는 사장의 어머님에게 고향이 어디신지 여쭤보았고, 같은 경상도 게다가 억센 사투리를 쓰는 북쪽 사람이란 걸 알게 되자 반갑게 인사를 건넸다. 그 어머님은 고향 사람이 왔다며 차와 과일

을 내오라고 하시며 환대해 주셨다. "서울에 와서 고생이 많네."라며 따뜻한 격려와 함께 가족처럼 편하게 대하셨다. 동향 사람이라는 것으로 어머님의 마음을 얻었고, 세일즈의 절반은 성공한 셈이었다.

그러나 세상에 쉬운 일은 없는 법이다. 사장과의 상담이 만만치 않았다. 다른 회사 차와 견적을 비교하면서 바로 결정을 내리지 못하는 것이었다. J 씨는 결국 계약을 못한 채 사무실로 돌아올 수밖에 없었다.

J씨는 포기하지 않고 다시 음식점을 찾았으며, 사장의 어머님 도움으로 계약을 성사시킬 수 있었다고 한다. 그런데 차량을 인도한 후에는 사장은 소음이 심하다는 이유를 들어 자주 불만을 제기했다. 그때마다 J씨는 성실하게 문제를 해결하자 차를 구입한 사장은 마음의 문을 열게 되었고, 지금까지 좋은 관계를 유지하고 있다.

J씨는 이 경험을 통해 세일즈에 대해서 다음과 같은 말을 하였다.

"상담 과정에서 학연, 지연, 혈연, 취미 등 이름 석 자까지 억지로라도 공통점을 찾아내고 있습니다. 이를 통해 고객과 공감대가 형성되면 상담의 문이 자연스럽게 열리게 됩니다."

판매왕들이 이처럼 감정의 문을 열기 위한 고리로 활용하는 수난 가운데 하나가 바로 작은 공통점 찾기다. 물론 학연·지연·혈연을 앞세우는 것이 사회적으로 문제란 지적도 있지만 이런 공통점이 정서적 유대를 만드는 고리가 되는 것은 틀림이 없다. 뜬금없이 찾아온 세일즈맨은 '타인'이지만 동향 사람이거나 나와 비슷한 점이 있다면 같은 울타리 속 '우리'가 되는 것이다. 특히 감성적인 성향이 강한 우리나라 사람에겐 이런 '우리'라는 연대감은 효과적이다.

9

좋은 인맥을 쌓는
효과적인 설득법

01

21세기는 설득의 시대

> 설득은 상대에게 자신의 주장을 이해시키고 공감토록
> 하는 효과적인 수단이다

사람들은 설득이란 어떤 것인지에 대해서 대개 잘 알고 있는 것처럼 생각하지만, 사실상 '설득은 뭐다' 하고 한마디로 정의하기가 쉽지 않다.

'설득'의 뜻은 여러 가지 방법으로 말하여 상대방을 이해시키고 납득시켜서 행동으로 옮기게 하는 것을 말한다.

따라서 설득이란 다음과 같이 요약할 수 있다.

첫째, 설득이란 사람과 사람 사이의 상호작용을 통하여 다른 사람의 행동이나 태도를 변하게 하는 것이다.

둘째, 설득이란 상대방을 자기의 생각에 찬성하게 만들어 자신의 생각대로 하게 하는 것이다.

셋째, 설득이란 듣는 사람으로 하여금 어떤 사실을 강하게 느끼게 하고 사고하게 만들게 하는 것이다.

이 세 가지를 요약하며 설득이란 인간의 행동을 결정하는 여러 가지 요소를 동원하여 상대를 자신의 사고와 주장을 이해하고, 납득하여 공감하도록 하는 수단이라고 말할 수 있다.

앞서 설득의 정의를 토대로 살펴볼 때 설득의 본질은 다음과 같이 정의할 수 있다.

① 설득이란 상대방에게 자신의 뜻을 긍정하도록 만드는 시도이다.
② 설득이란 상대방에게 자신의 뜻대로 행동하도록 만드는 일이다.
③ 설득이란 상대방에게 자발적으로 의욕을 일으키도록 하는 일이다.

이와 같은 정의를 종합해보면 결국 설득이란 한마디로 말해서 비즈니스는 물론 모든 분야에서 자신의 목적을 이루는 데 필요한 필수적인 수단이라고 할 수 있다.

그러면 설득을 잘 하려면 어떻게 해야 하나?

첫째, 한 발 앞서서 나아가라. 앞사람을 따라가면 안전하기는 하지만, 세상의 주목을 받기는 어렵다.

자기가 맡은 분야에서 어느 누구보다도 해박한 지식과 능력이 있을 때 설득에도 탁월한 능력을 갖게 되는 것이다.

둘째, 시간을 집약적으로 투자할 줄 알라. 시간의 귀중함을 알지 못하면 어느 누구도 설득하는 데에 성공할 수 없다.

시간을 투자하여 자신이 종사하는 업종은 물론 관계되는 분야에 대해서, 그리고 인간관계에 대해서도 꾸준히 노력하는 자만이 설득의 달인이 될 수 있다.

02

준비된 설득자의 3가지 요건

> 남을 설득하기 위해서는 스스로가 남에게 설득당하지
> 않을 만큼의 존재감을 지닌 위인이어야 한다

개인을 상대로 설득하든지 다수를 설득하든지 간에 설득자로서 갖추어야 할 요건이 있다.

첫째, 호감이다.

호감을 얻지 못하면 아무리 좋은 말을 해도 상대는 설득당하지 않는다.

호감을 사려면 이기적인 자신을 버리지 않으면 안 된다. 오바마는 돈이나 명예 등을 바라지 않았고, 이기적인 자신을 버리고 국민들, 특히 소외된 이웃을 위해 헌신했다. 오바마는 이기심이나 허영심이나 오만 따위가 없었기에 국민들의 전폭적인 지지를 이끌어낼 수 있었다.

사람들은 누구나 말할 때 상대에게 호감을 사려고 노력한다. 그런데 아무런 대책 없이 상대에게 호감을 사려고 노력하기 전에 상대를 좋아하도록 내가 먼저 다가서는 노력을 기울인다면 상대의 호감을 사는 건 그리 어려운 문제가 아니다. 더 큰 문제는 상대에 대한 관심도 가져보지 않으면서 호감을 사려고 한발 앞서 가는 태도에 있다. 상대에게 호감을 사려면 상대를 좋아하도록 노력해 보도록 하자. 그러면 호감은 저절로 생기게 돼 있다.

둘째는 신뢰이다.

호감과 신뢰는 같은 맥락에서 볼 수도 있으나 약간의 차이가 있다. 아무리 호감을 얻었다고 하더라도 그것이 신뢰로 연결되지는 않는다.

믿음이 설득의 가진 큰 무기다.

오바마에게는 무엇보다도 신뢰감이 있었다. 그것은 말과 행동이 일치하는 성실함이 있었기 때문이다. 그런데 말과 행동의 통일은 그렇게 쉽지 않다. 현대의 정치가 국민들로부터 불신을 받는 이유는 정치인들이 워낙 말만 앞세우고 실천을 하지 않으므로 해서 국민들이 정치를 하찮은 것으로 여기기 때문이다. 이런 이유로 이제 국민들은 정치가의 말을 잘 믿지 않게 되었다.

그렇다면 추락한 신뢰를 회복하기 위해서는 어떻게 하면 좋을까?

신뢰감은 하루아침에 이루어지는 것이 아니므로 평소의 언행이 중요하다. 왜냐하면 정치인이든지 어느 직업에 종사하든 신뢰감은 일종의 여론이며 그 사람에 대한 평상시의 평가이기 때문이다.

세 번째, 존경이다.

상대방으로부터 존경을 받지 못하거나 멸시의 대상이 되면 아무리 좋은 말로 설득을 해도 상대방은 설득당하지 않는다.

오바마는 돈보다는 자신의 신념과 야망을 삶의 현장에서 실현하기 때문에 많은 사람들로부터 존경을 받게 되었다.

평범하게 살거나 자신의 이익만을 추구하는 사람에게는 사람들이 존경심을 표하지 않는다. 평소의 삶을 통해 존경을 받아야만, 대화나 설득시 상대로부터 긍정의 결과를 얻어낼 수 있다.

남을 설득하기 위해서는 스스로가 남에게 설득당할 수 있을 만큼의 존재감을 지닌 위인이어야 한다. 무엇보다도 자신의 존재감은 평소의 행동이 쌓여 이루어진 자신에 대한 타인의 평가이다. 따라서 상대를 잘 설득하기 위해서는 평소에 상대에게 호감을 얻고, 신뢰를 얻어서 상대로부터 존경을 받는 인물로 평가될 수 있어야 소기의 성과를 얻을 수 있다. 세상에 무엇 하나 쉬운 일이 없겠지만, 특히 상대를 설득한다는 것도 그리 수월한 일은 아니다. 다만 평소에 어떤 태도로 세상을 살아가느냐가 설득자의 가장 중요한 조건임에는 틀림이 없다.

03

성공적인 설득을 위한 훌륭한 연설법이란?

대중을 상대로 한 연설에서 대중을 설득하기 위해서는
대중들의 정당성을 확보하도록 도와줘야 한다

오바마와 견줄만한 훌륭한 연설자로는 루터 킹 목사가 있다. 1926년 8월 26일 워싱턴 DC 링컨 기념관 광장에 30만 군중이 모인 가운데 행한 그의 연설은 너무나도 유명하다. "나에게 꿈이 있어요."라고 시작한 그 연설문은 언제 읽어도 가슴을 울리는 무엇인가가 있다. 이 연설문은 케네디 대통령의 취임연설문과 함께 미국 역사상 최고의 대중 연설로 꼽고 있다.

다수인 대중을 설득하는 것은 일대일로 대화를 하면서 상대를 설득하는 것과 많은 차이가 있다. 일대일로 설득할 때는 상대의 심리를 파악하면 된다. 상대의 심리를 파악하고 나면 무슨 말로 어떻게 설득해야 할지가 감이 잡히게 된다. 그러나 대중을 상대로 연설할 때는 청중 한 사람 한 사람의 심리를 파악할 수 없다. 때문에 대중 연설에서는 그 모임의 성격을 아는 것이 중요하다. 연설문을 읽기 전에 시대상황을 알아야 한다.

연사가 대중을 상대로 한 연설에서 대중을 설득하기 위해서는 대중들의 정당성을 확보하도록 도와줘야 한다.

또한 대중은 일관성을 지닌 사람에게 쉽게 설득당한다. 훌륭한 연설을 하려면 행동과 말이 일치해야 한다.

04

설득하는 사람의 인격을 갖춘 오바마

신뢰할만한 사람일 때 사람들은 그의 말을 쉽게 받아
들인다

그리스의 철학자 아리스토텔레스는 설득의 3대 요소로 설득하는
사람의 인격, 설득당하는 사람의 감정 충동, 그리고 상황에 맞는 언
어구사를 들고 있다.

이 세 가지 요소 중에서 설득에 장애가 되는 불신과 혐오감을 씻기
위해서는 무엇보다도 설득하는 사람의 인격이 중요하다고 말한다.

신뢰할만한 사람일 때 사람들은 그의 말을 쉽게 받아들이게 된다.

그리스 철학자 아리스토텔레스가 살던 시대나 오바마가 대통령에
출마한 현대는 많은 현자들, 정치인들이 뜨거운 열병으로 대중의 마
음을 사로잡으려고 열변을 토하는 시대이다. 그러나 그때나 지금이
나 열변은 많으나 사람들의 마음을 진정으로 사로잡은 정치인이나
현자들은 별로 없다.

오늘날 많은 정치인들이 국민을 위해서 일하겠다고 호소하면서 연설을 하지만 그 말에는 설득력이 없다. 거기에는 여러 가지 이유가 있겠으나 설득하려는 사람의 인격에 문제가 있는 경우가 가장 근본적인 이유이다. 청중을 설득하지 못하는 정치인들은 대부분 사람들로부터 신뢰를 받지 못하는 위인들이었다. 그러다 보니 그들의 말과 행동을 신뢰하지 않았고 그 영향이 연설의 진정성이 심각하게 의심받는 지경에 이르렀던 것이다. 연설하는 사람의 연설문이 신뢰할 수 있는 내용인지는 그 사람의 말을 들어보고 그의 행동을 보면 안다.

신뢰를 받지 못하면 무슨 말을 해도 사람들은 그의 말을 믿지 않으며, 믿지 않으면 설득당하지 않는다.

미국 역대 대통령인 링컨, 케네디, 클린턴의 취임연설에는 지도자의 품위와 격식이 그대로 담겨 있다. 그래서 그 연설문에는 청중을 매료시키고 심금을 울리는 감동의 메시지가 살아숨쉰다. 이들의 연설문에는 자신의 전하고자 하는 바를 청중들이 제대로 이해할 수 있도록 진심으로 호소하는 진정성이 담겨 있기 때문에 청중들은 열광하고 공감한다. 무엇보다도 이들은 자신의 사상과 이념을 자신의 언어로 말하기 때문에 청중들의 마음을 사로잡을 수가 있는 것이다.

"친애하는 미국 국민 여러분, 국가가 여러분을 위해 무엇을 해줄 것인가를 묻지 말고, 여러분이 국가를 위해 무엇을 할 것인가를 물어보십시오!"

이 말은 뉴프론티어 정신(미국의 개척정신)을 이야기한 케네디 대통령의 취임연설문의 결말 부분이다. 품위와 격식이 높은 연설로써 지금껏 인구에 회자되고 있다.

설득하려면 무엇보다도 상대할 상대가 공감할 수 있고 신뢰할 수 있는 인격을 갖추어야 한다. 그런 면에서 오바마가 국민들로부터 신뢰를 얻었기 때문에 국민들은 그의 말에 공감하고 동의하여 지지라는 행동으로 보여졌던 것이다.

이것은 비즈니스나 세일즈에서도 그대로 적용될 수 있는 법칙이다. 상사나 부하로부터 신뢰를 얻지 못하면 직장에서 자신의 목적을 이룰 수 없으며, 고객으로부터 신뢰를 받지 못하면 상품을 팔 수 없는 것이다.

어느 누구를 설득하기 앞서 자신이 신뢰를 받고 있는 사람인지를 진지하게 검토해 볼 필요가 있다.

효과적인 설득을 위한 보디랭귀지

목적의식을 가지고 다가가면 상대는 자연스럽게 내 의도를 알아챈다

효과적으로 청중들을 설득하기 위한 연설자의 보디랭귀지를 살펴보면 다음과 같다.

① 첫인상이 중요하다.

오바마가 전국무대에 처음으로 모습을 나타낸 건 2004년 민주당 정당대회였다. 그는 정치인으로 데뷔하는 그 자리에 잘 생긴 외모와 깔끔한 복장을 하고 등장해 많은 사람들을 열광시켰다. 오바마는 첫 정치무대에서 첫인상으로 청중들을 매료시킨 것이다.

첫인상은 당신이 사무실에 발을 들여놓는 순간 당신이 누구이고, 스스로를 어떻게 생각하는지 선명하게 나타내준다.

처음 보는 상대에게 좋은 첫인상을 주는 것은 쉬운 일이 아니다.

하지만 부정적으로 각인된 이미지를 만회하려는 시도보다는 처음에 좋은 인상을 심어주도록 노력하는 것이 훨씬 쉽다. 사실 만회할 수 있는 기회조차 주어지지 않는 경우가 많기 때문이다.

② 자신 있는 태도로 성큼성큼 걷는다.

오바마는 연설하기 위해서 연단에 등단할 때에는 항상 활기차면서도 정중했다. 또한 자신감 넘치는 당당한 자세를 취했다.

대화를 원하는 상대방에게 다가가거나 사무실에 들어설 때 자신 있게 걸어라. 걸음걸이에서 상대방에게 자신감을 보여야 상대방에게 압도당하지 않는다.

옷차림보다 더 중요한 것이 자신감 있는 걸음걸이다. 굽실거리거나 구부정한 자세로 힘없이 상대방에게 다가가서는 안 된다. 주저하지 말고 목적이 있는 태도로 성큼성큼 걸으면서 다가서야 한다.

목적의식을 가지고 다가서면 상대는 자연스럽게 내 의도를 알아채게 된다.

③ 미소를 잃지 않는다.

오바마는 사람들 앞에 나타날 때에 항상 미소를 잃지 않았다.

비즈니스 관계로 중요한 협상이 있다고 치자. 이때 꽉 다문 입에 딱딱한 표정으로 엄숙하게 협상장에 들어선다면 그 사람은 협상에서 좋은 성과를 기대하기 어렵다. 왜냐하면 얼굴을 찡그린 사람에게 상대도 부담스런 마음으로 협상에 임할 것이기 때문에 마음을 열고 효과적인 협상을 할 수 없을 것이기 때문이다.

어떤 사람은 미소가 자연스럽게 이루어지지만, 어떤 사람은 의식적으로 노력해야 가능하다. 그러나 가식적인 미소는 이내 들통 나고, 사람들은 등을 돌리게 된다.

자연스러운 미소를 하기 위해서는 평소 마음을 편안히 하고 좋아하는 사람이나 장소를 떠올리는 마인트컨트롤을 연습하면 효과가 있다. 계속해서 이런 연습을 하다 보면 어느새 흐뭇한 기분이 들게 되고 화사한 미소를 짓고 있는 자신을 발견하게 될 것이다.

④ 상대방의 눈을 응시한다.

오바마가 누구와 대화를 하는 모습을 보면 항상 이야기하는 상대의 눈을 응시하고 있다. 상대의 이야기가 끝날 때까지 눈을 떼지 않는다.

고객이나 동료 또는 사장의 사무실에 들어가자마자 그 사람의 눈을 응시하라. 이것은 두 가지 효과를 가져 온다. 우선 개방성과 솔직함을 드러낸다. 눈과 눈의 만남은 에너지의 발산이다. 사람들은 누군가의 눈에서 불꽃이 튄다는 말을 한다.

대화하고 있는 상대방의 눈을 똑바로 응시할 때 그 불꽃은 살아나게 되어 있다.

⑤ 성의 있게 악수하라.

성의 있는 악수를 하는 방법으로는 땀이 배어 있지 않은 손으로 하고, 손가락이 아닌 손 전체를 잡는다. 마지막으로 적당히 손에 힘을 주어 잡는다. 그리고 악수하면서 상대방의 눈을 바라본다. 손을 놓기 전에 "반갑습니다." 또는 "뵙게 되어서 기쁩니다."라고 말한다.

⑥상대방에게 편안한 감정을 전달한다.

오바마의 매력 중의 하나가 편안한 이미지를 준다는 것이다.

상대를 잘 설득하기 위해서는 상대에게 자신이 초조하다거나 예민하다는 인상을 주어서는 안 된다. 편안한 감정은 편안하고 안정된 상태에서 만들어질 수 있는 것이다.

⑦ 주요 보디랭귀지는 손을 사용한다.

오바마는 연설하기 위해서 연단에 오를 때에는 항상 왼손을 흔들면서 등단한다.

보디랭귀지에서 큰 역할을 하는 것이 손이다. 의식적인 손의 사용은 설득력을 높이는 데에 한 몫을 한다.

손을 사용할 때 손바닥이 위로 가게 양손을 펴 보여서 자신이 정직하고 마음은 개방되어 있다는 것을 보여준다. 또 손을 마주 비비는 것은 긍정적인 기대를 하고 있음을 나타낸다.

⑧ 옷차림도 보디랭귀지의 하나이다.

오바마는 많은 대중들 앞에 설 때에는 항상 넥타이를 맨 정장 차림이다. 그러나 소수의 사람들을 만날 때에는 노타이에 간편한 복장을 한다.

대화의 기본은 대화를 하게 될 그룹이나 개인의 옷차림 취향에 맞추는 것이다.

대부분의 세일즈맨은 자기 고객보다 항상 한 단계 위의 옷차림을 한다. 이것은 대화에 있어서 안전하고도 전통적인 룰이기도 하다.

⑨ 목소리의 조절법을 익힌다.

오바마는 연설을 할 때에 흥분한 큰 목소리가 아니고 차분한 목소리로 조용조용하게 연설한다.

저음의 목소리가 하이 톤보다 설득력이 높은 것으로 알려져 있다. 따라서 당신의 목소리 톤이 높은 편이라면 낮은 톤으로 말하도록 노력해야 한다.

06

친근감을 가지고 설득하는 방법

> 조화로운 관계를 만드는 가장 빠르고 좋은 방법은
> '나'와 '너' 대신에 '우리'를 자주 사용하는 것이다

'조화로운 관계'란 서로 믿음으로, 또는 친근감으로 맺어진 관계를 말한다. 특히 조화를 이룰 때, 친구·부부·동업자·사제지간에서 오랜 시간에 걸쳐 발전하게 된다. 이런 관계는 많으면 많을수록 좋은 것이다. 그러나 조직 안에서 대부분의 업무관계는 수년 또는 수개월밖에 지속되지 못한다. 따라서 대부분 단순한 대화의 수준에 그치는 관계에 이르고 만다.

조화로운 관계를 만드는 가장 빠르고 좋은 방법은 '나'와 '너' 대신에 '우리'라는 말을 자주 사용하는 것이다.

다음의 예화를 보자. 당신이 어느 영업자와 상담중이다.

당신: 지금 말씀한 것 어떻게 하면 좋을까요?

영업자: 물론 성공해야지요. 그래서 주문을 많이 받고 싶습니다.

당신: 그럼 '우리'가 함께 일한다면 좋은 결과가 있을 것 같습니다. 그전에 이와 비슷한 일을 한 적이 있는데 그때의 경험을 살린다면 '우리'가 능히 해결할 수 있을 겁니다.

이 간단한 대화에서 '우리'라는 말이 조화로운 관계를 만들고 상대를 설득시키는 데에 얼마만큼 효력이 있는가를 알 수 있을 것이다.

먼저 '나'와 '너'의 관계를 '우리'의 관계로 바꾸어야 한다. 당신은 고객이나 직장 동료에게 '당신은 이런 게 문제입니다.'라고 말하지 말고 '우리'라는 말을 사용함으로써 고객의 문제 또는 동료의 문제를 나누어 가져야 한다.

'우리', '우리의 것'이라는 말은 협조, 단결을 뜻하며, 조화로운 관계를 만드는데 필수적인 요소이다. 조화로운 관계가 이루어질 때 상대를 설득하기 쉬운 것이다.

07

청중을 사로잡는 연설이란?

축구경기에서는 경기 시작 후 최초의 5분과 마지막 5분이 승부를 가름하는 경우가 많다. 그래서 축구 감독들은 이 시간을 '마의 5분대' 라고 하여 상당히 경계를 한다. 대화에도 이와 마찬가지이다. 사람은 상대로부터 설득당한다기보다 협력해주는 것이라고 생각한다. 상대의 말이 그럴듯하고 협조하는 것이 타당하다손 치더라도 설득당한다는 것은 왠지 불쾌하다고 생각하게 마련이다.

그러므로 상대의 이와 같은 심리를 알아야만 협력과 동조를 얻어내어 자신의 상품을 팔 수 있다. 여기에서 첫 대면과 끝맺음의 중요성이 대두된다.

첫 대면은 상대로부터 설득을 당해주느냐 혹은 그렇지 않느냐를 판가름한다. 인간은 무슨 일을 하던 결과에 대한 예측을 내리는 심리가 있다. 협조하기로 마음을 정하든지 그렇지 않든지 애초부터 마음을 작정하여 둔다. 한번 마음을 정한 것은 돌이키기 힘들다.

그러나 첫 대면의 중요성 못지않게 끝맺음의 5분간도 중요하다. 인간은 사고(思考)를 반추하는 동물이다. 마음의 결정을 내리고서도 이것을 항상 후회한다. 자신의 평가의 옳고 그름을 후회하는 것이 아니라 좀 더 현명한 판단에 대한 아쉬움을 후회하는 것이다. 따라서 겉으로는 제 아무리 자신의 확고한 의지를 내보이는 사람도 마음속에서는 끊임없이 갈등을 계속하고 있다.

그런데 망설임을 되돌릴 수 있는 순간은 '최후의 5분간' 이다. 처음부터 숨 쉴 틈도 없이 상대를 공략하는 것도 중요하지만, 그보다는 이렇게 심리가 기복을 일으키는 순간에 적극공세를 펼쳐야 한다.

처음에 실패를 한다고 하더라도 끝맺음의 반추단계에서 극적으로 상대를 설득시킨 경우는 너무나도 많다.

전쟁의 영웅 나폴레옹은 "최후의 5분간이 그 전쟁의 승리자를 결정짓는다." 라고 말했다.

최후의 5분, 그 최후의 5분간을 판매 설득의 찬스로 전력투구해야 한다.